Wandern im Westerwald und Siebengebirge

W0212325

Hermann Josef Roth
Bruno P. Kremer

DUMONT aktiv

Inhalt

Bitte schreiben Sie uns, wenn sich etwas geändert hat!
Alle in diesem Buch enthaltenen Angaben wurden von den Autoren nach bestem Wissen erstellt und von ihnen und dem Verlag mit größtmöglicher Sorgfalt überprüft. Gleichwohl sind – wie wir im Sinne des Produkthaftungsrechts betonen müssen – inhaltliche Fehler nicht vollständig auszuschließen. Daher erfolgen die Angaben ohne jegliche Verpflichtung oder Garantie des Verlages oder der Autoren. Beide übernehmen keinerlei Verantwortung und Haftung für etwaige inhaltliche Unstimmigkeiten. Wir bitten dafür um Verständnis und werden Korrekturhinweise gerne aufgreifen:

DuMont Buchverlag, Postfach 10 10 45, 50450 Köln
E-Mail: reise@dumontverlag.de

Wandern im Westerwald

Wandersaison

Den Refrain »... über deinen Höhen pfeift der Wind so kalt,« kann man getrost vergessen. Das Klima des Westerwaldes ist nicht schlechter als das des übrigen rheinischen Berglandes. Obwohl das Gebiet zwischen Rhein, Lahn und Sieg bei trockenem Wetter zu allen Jahreszeiten seinen besonderen Reiz hat, sind vor allem die Monate Mai bis Oktober zu empfehlen. Besonders der Herbst beschert auffallend viele sonnige Tage, wobei die nebelarmen Hochlagen gegenüber den Tälern bevorzugt sind.

Anspruch

In der Rubrik ›Die Wanderung in Kürze‹ wird jeweils darauf hingewiesen, ob es sich um eine einfache (+), eine mittelschwere (++) oder eine anspruchsvolle Tour (+++) handelt.

Gehzeiten

Bitte beachten Sie: Alle in diesem Wanderführer aufgeführten Zeiten verstehen sich als reine Gehzeiten. Rechnen Sie bei der Planung einer Tour noch etwa ein Fünftel bis ein Viertel der Zeit hinzu, um Pausen für die Rast, zum Fotografieren oder Beobachten der Tierwelt oder für die Besichtigung herausragender Kulturdenkmäler am Wege zu berücksichtigen. Auch abgerutschte Wege oder angeschwollene Bäche können die Wanderzeit erheblich verlängern.

Wege und Markierungen

Im Westerwald wird das Wanderwegenetz vom Westerwaldverein betreut. Die Markierungen der Hauptwanderwege sind aktuell, zuverlässig und im Gelände im Allgemeinen sehr gut zu finden. Die örtlichen Wanderwege sind manchmal nicht lückenlos markiert. In besonders vermerkten Fällen sollten Sie daher eine gute Wanderkarte zur Hand haben. Die beschriebenen Wanderrouten führen in der Regel nur über öffenliches und nicht über Privatgelände.

Ausrüstung

Feste, bequeme Wanderschuhe sind nicht nur bei den längeren Streckenwanderungen unbedingt empfehlenswert. Denken Sie auch an einen geeigneten Regenschutz und sonstige der jahreszeitlichen Witterung angepasste Kleidung. Zur Beobachtung der reichen Tierwelt des Gebietes oder für den besonderen Genuss der Aussicht von Höhenpunkten sollten Sie immer ein gutes Fernglas im Wandergepäck mit sich führen.

Karten

Zu empfehlen sind die von den Landesvermessungsämtern herausgegebenen Messtischblätter oder die auf der Basis der amtlichen topographischen Karten im Maßstab 1:25 000 bzw. 1:50 000 herausgegebenen Freizeit- oder Erlebniskarten außerhalb des üblichen Blattschnitts für besonders beliebte Wanderregionen. Sie verzeichnen alle wichtigen Details entlang der Wanderwege wie Schutzhütten, Gaststätten außerhalb der geschlossenen Ortschaften oder landschaftlich herausragende Anlaufpunkte. Sofern es sich nicht bloß um Spezialschnitte aus den amtlichen Karten handelt, bilden sie wegen der ortsbezogenen Hinweise meist eine willkommene Ergänzung.

Mit Bus und Bahn

Die Start- und Zielpunkte der beschriebenen Touren sind in den meisten Fällen mit öffentlichen Verkehrsmitteln zu erreichen. Leider muss jedoch gesagt werden, dass die Häufigkeit der Nahverkehrsverbindungen vor allem an den Wochenenden und besonders in kleineren und entlegeneren Ortschaften, sehr zu wünschen lässt. Informieren Sie sich daher rechtzeitig über die genauen Abfahrtzeiten unter Berücksichtigung abweichender Fahrpläne an Feiertagen und Wochenenden.

SYMBOLE IN DEN KARTEN

Gasthaus	Mühle
Schutzhütte, Unterstand	Wegkreuz
Kirche, Kapelle	Rastplatz
Kloster	Wasserfall
Burg, Schloss	Quelle
Burgruine	Markanter Nadelbaum
Aussichtsturm	Markanter Laubbaum
Archäologische Stätte	Schiffsanlegestelle
Denkmal, Monument	Schwimmbad
Bergwerk (aufgelassen)	Sendemast

Feurige Ursprünge

Der Westerwald ist uraltes Vulkanland. Neben dem fließenden Wasser, das die Talzüge der Bäche und umrahmenden Flüsse herausmodellierte, hat auch das vulkanische Feuer aus der Unterwelt einen beträchtlichen Anteil am heutigen Erscheinungsbild der Westerwälder Landschaft. Sie ist Bestandteil eines weiten alpenparallelen Feuergürtels, in dem heftige Ausbrüche die Erdkruste über Jahrmillionen hinweg immer wieder durchlöcherten. Diese vulkanischen Episoden reichen im Westerwald bis in das Erdaltertum zurück und lassen mindestens fünf zeitlich weit getrennte Aktivitätsphasen erkennen.

So entdeckte man als ältestes Zeugnis rechts und links des Saynbachtales eine Schicht aus rötlichem Gestein, das vor fast 400 Millionen Jahren als glühende Asche aus einem nicht lokalisierbaren Vulkan nahe der Lahn ausgeworfen wurde.

Eine zweite Ausbruchserie, die sich vor etwa 260 Millionen Jahren ereignete, ist mit dunklem, schwerem Gestein mit dem Namen Diabas nachgewiesen. Diese Gesteinsart entdeckte man bereits im letzten Jahrhundert als Begleiter von Erzgängen, die entlang der Wied abgebaut wurden. Auch am Nordrand des Kannenbäckerlandes gibt es kleine Diabas-Vorkommen. Auf fast

jedem Westerwälder Friedhof lässt sich das Material finden: Es wurde für die Grabplatten verwendet.

Ungleich bedeutsamer für das heutige Gesicht der Westerwald-Landschaft sind die zahlreichen Zeugnisse des dritten feurigen Aktes aus der Braunkohlenzeit vor etwa 25 Millionen Jahren. Dabei formten sich zwei räumlich getrennte, ungefähr altersgleiche Vulkangebiete. Eines davon umfasst das imposante Siebengebirge und die südwestlich davon aufgereihten Einzelvulkane der Linzer Höhe.

Wesentlich ausgedehnter ist das ungewöhnliche Basaltfeld des Hohen Westerwaldes und die in seinem Umfeld verteilten Vulkankuppen aus hellem Trachyt und Phonolith zwischen Westerburg, Montabaur und Selters. Weit nach Westen vorgeschobene Vorposten sind zwei Trachytkuppen zwischen Isenburg und Caan über dem Saynbachtal sowie die Teufelsköpfe bei Arzbach im rheinischen Westerwald.

Der vierte vulkanische Akt umfasste ein zeitlich begrenztes Aufflackern vor etwa zwei Millionen Jahren. Dabei entstanden der Telegraphenberg und der Bertenauer Kopf über dem mittleren Wiedtal.

Die jüngsten, nun schon dem Eiszeitalter angehörenden Vulkanausbrüche, die sich vor allem im Umkreis des Laacher Sees in der Osteifel austobten, begannen im Westerwald: Den basaltischen Pfahlberg nördlich von Nauort hat man auf rund 800 000 Jahre datiert. Er ist damit zwar ein Einzelner, aber bemerkenswerter Zeugenberg.

Die verschiedenen Vulkangesteine des ›steinreichen‹ Westerwaldes sind nicht nur erdgeschichtlich interessant und in weiten Bereichen landschaftsprägend, sondern sie sind noch bis heute für das Wirtschaftsleben der Region bedeutsam. Die Vulkangesteine wurden traditionell als Werksteine für Wohn- und Wirtschaftsgebäude verbaut. Auch die genauere Betrachtung des Mauerwerks so mancher Westerwälder Dorfkirche vermittelt grundlegende Kenntnisse der regionalen Geologie.

Friedhof in Arzbach

Bunte Mischung

»Land der armen Leute«, schalt man einst die Westerwälder Landschaft. Gewiss gab es hier wie anderswo gelegentlich bittere Armut. Zu spüren ist davon jedoch nichts mehr.

Auch früher boomte es hier: Kirchen und Klöster, Burgen und Schlösser aus Mittelalter und Barock, schmucke Kleinstädte und Dörfer sprechen von Zeiten, in denen es nicht nur den Herrschenden gut ging. Im Einflussbereich der alten Kulturstätten Köln, Trier und Mainz, Bonn und Koblenz, Marburg und Siegen, Wetzlar und Weilburg entstanden seit der Romanik großartige Bauwerke mit kostbarem Inventar.

Die Zuordnung ist jedoch nicht immer leicht, gibt es doch ebenso wenig eine Geschichte wie eine Kultur des Westerwaldes. Zu keiner Zeit hat es ein politisches Territorium gegeben, das den ganzen Raum geeint hätte. Die örtlichen

Adelshäuser der Grafen von Nassau, Sayn oder Wied standen stets im Schatten der drei geistlichen Kurfürsten, des Landgrafen von Hessen sowie im nördlichen Westerwald der Grafen und späteren Herzöge von Berg. Oft teilten sie ihre ohnehin kleinen Herrschaften auch noch weiter auf. Nassau unterschied zwischen Oranien, Usingen und Weilburg, Sayn zwischen Altenkirchen und Hachenburg, Wied zwischen Neuwied und Runkel. Die Grafen der winzigen Herrschaft Westerburg hielten ihre Hausmacht gar zu Leiningen in der Pfalz.

Bis heute teilen die Grenzen gleich dreier Bundesländer – Hessen, Rheinland-Pfalz und Nordrhein-Westfalen – das Mittelgebirge zwischen Rhein, Lahn und Sieg.

Das ›Westerwälder Bauernhaus‹ gar, das als ›typisch‹ für den Westerwald angesehen wird, ist eine Abwandlung des weit verbreiteten fränkischen Bauernhauses. Nur ist hier vielfach das Dach zur Wetterseite weit zum Boden hinabgezogen, wie man das auch anderswo, etwa in der Eifel, antreffen kann. Bei der Verzierung folgte man dem Geschmack der großen Nachbarschaft. Im Niederwesterwald taucht die farbige Vernagelung des Bergischen Landes auf. Im Westerwald östlich der Dill erhalten die Gefache Schmuckmuster, die auch im Hessischen zu sehen sind.

Auch der ›Westerwälder Dialekt‹ erweist sich als Gemisch mundartlicher Eigentümlichkeiten, die mal stärker hessisch, mal eher rheinisch-moselländisch oder gar niederrheinisch gefärbt sind. Quer durch den Westerwald verläuft die alles überblendende Sprachgrenze zwischen dem Nieder- und Oberdeutschen.

So wie die traditionellen Mundarten sich allmählich angleichen, erging es auch den alten Trachten, die einst die Herkunft ihres Trägers unverwechselbar auswiesen. Im Nassauischen oder in Kurköln ging man anders als in der Landgrafschaft Hessen. Begegnet man jedoch der ›Westerwälder Tracht‹, so ist diese lediglich ein Erzeugnis der Tourismusbranche und gleicht eher einem Zwitter aus Schaffner und Wandervogel.

Typisch am Westerwald ist, dass es fast nichts Typisches gibt. Anregungen von außen wurden vielfach den örtlichen Bedürfnissen angepasst, sodass es heute schwer fällt, ohne weiteres die auswärtigen Ursprünge zu erkennen. Ihnen nachzuspüren macht vielleicht den größten Reiz einer Wanderung durch den Westerwald aus.

Schäfer bei Limbach

Kannen und Pfeifen

Internationale Lexika verzeichnen nicht unbedingt den Begriffseintrag ›Westerwald‹, führen aber fast immer das Stichwort ›Kannenbäckerland‹ auf, denn diese rund 120 km^2 große Kulturlandschaft im südlichen Westerwald entfaltete deutlich mehr Außenwirkung als die Kernlande selbst.

Obwohl sich in dieser Region die Herstellung keramischer Produkte bis auf die jungsteinzeitliche Bandkeramik zurückverfolgen lässt und auch im hohen Mittelalter eine große Bedeutung hatte, ist die Bezeichnung ›Kannenbäckerland‹ erst relativ jung.

Urkundlich tritt sie erstmals im Jahre 1788 in einem kurtrierischen Pachtvertrag in Erscheinung. Das Deutsche Wörterbuch von 1873 erläutert den Begriff als *»eine gegend reich an thon, der zu kannen, krügen, geschirr aller art verarbeitet wird«*.

Als sich im Jahre 1643 die erste Kannenbäckerzunft gründete, zählten erst die Orte Baumbach, Bendorf, Grenzau, Grenzhausen, Hilgert, Hillscheid, Höhr und Sayn dazu. Das ausgehende 18. Jh. brachte dann eine gewisse Ausdehnung: Auch Hillscheid, Höhr und Vallendar (ursprünglich unter der Herrschaft des Hauses Sayn-Wittgenstein), ferner Baumbach, Caan, Deesen, Ellenhausen, Nauort, Oberhaid, Ransbach, Sessenbach und Wittgert (ehemaliges kurtrierisches Gebiet), Bendorf und Weitersburg (ehemals Territorium von Sachsen-Eisenach) sowie Alsbach, Grenzhausen, Hilgert, Hundsdorf, Mogendorf, Nordhofen und Vielbach (Wiedisches Gebiet) kamen nun hinzu.

Ton, wegen seiner eminenten wirtschaftlichen Bedeutung für die gesamte Region in einer alten Beschreibung des Amtes Selters auch als ›Weißes Gold‹ des Westerwaldes bezeichnet, entstand durch Verwitterung der Schichtgesteine des Schiefergebirges.

Unter dem tropischem Klima des Erdmittelalters zermürbten schroffe Temperaturwechsel und Sonneneinstrahlung zunächst mechanisch das Gestein. Danach wandelte die chemische Verwitterung den gesamten Mineralbestand um.

Abhängig vom Ausgangsgestein und vom Witterungsverlauf ergeben sich verschiedene Tone: Traditionell unterscheiden die Pfeifen- und Kannenbäcker bei ihrem Rohstoff zwischen mageren, halbfetten und fetten Tonen und zwischen hell-, beige- oder rotbrennendem Material.

Nur zum Teil befinden sich die Tone an ihren ursprünglichen Entstehungsorten: Die Abschwemmung durch Niederschlagswasser im frühen bis mittleren Tertiär führte dazu, dass sie aus ihrer ursprünglichen Lagerung fortgeführt, nach Körnung sortiert und an anderen Stellen in abflusslosen Becken und Senken (beispielsweise in der Höhrer, Ransbacher und Siershahner Mulde) abgesetzt wurden. Dieser Umlagerungsprozess zur sekundären Lagerstätte dauerte mehrere Millionen Jahre an und hinterließ abbauwürdige Tonlager von 30 bis 70 m Schichtmächtigkeit. Alleine das Kannenbäckerland hat eine Rohstoffreserve von 350 Millionen Tonnen Ton.

Große Tongrube bei Boden

Wirken für die Nachwelt

Aus dem Westerwald, deren Menschen ›Dickschädeligkeit‹ nachgesagt wird, kommen berühmte Persönlichkeiten, die möglicherweise wegen dieser Eigenschaft zu weltweiter Bedeutung gelangt sind.

So haben die Grafen und Fürsten zu Wied ihren Ursprung im Westerwald. **Maximilian Prinz zu Wied** (1782–1867) war seiner Heimat stets verbunden. Die erste Zusammenstellung der Tierwelt des Westerwaldes stammt aus seiner Feder, und das erste Naturkundemuseum der Region, von ihm selbst bestückt, bestand zu seinen Lebzeiten in einem Nebengebäude des Neuwieder Schlosses.

Er hatte sich in den Kopf gesetzt, die weite Welt zu bereisen. Aber der Schatten Napoleons fiel über Rhein und Westerwald. Als jedoch dem Franzosen die Stunde von Waterloo schlug, war der Weg endlich frei, und Maximilian tauschte für zwei Jahre sein Heim im Schloss Neuwied gegen die unerforschten Regenwälder Brasiliens (1815–17).

Als Fünfzigjähriger brach er ein zweites Mal vom Rhein in den Wilden Westen auf und bereiste die Prärien am Missouri (1832–34). Beide Male kehrte er mit wertvollen zoologischen und völkerkundlichen Sammlungen zurück. Was damals als Ergebnis der Sammelwut eines spleenigen und unverheirateten Prinzen belächelt wurde, zählt heute zu den Prunkstücken bedeutender Museen: u. a. in Berlin, Stuttgart und New York. Nur wenige Forschungsreisende haben zu Beginn des 19. Jh. derart wichtige Beiträge zur Kenntnis beider Amerikas geliefert wie dieser unbeirrbare Westerwälder ›Dickkopf‹, den manche den ›rheinischen Humboldt‹ nennen.

Mehrere noch zu seinen Lebzeiten beschriebene Pflanzen- und Tierarten wurden nach ihm benannt, darunter die tropische Orchideengattung *Neowedia* (nach dem Familiensitz Neuwied) – für Naturkundler eine besondere Auszeichnung. In seiner Heimat war Prinz Maximilian Mitbegründer des bis heute überregional tätigen ›Naturhistorischen Vereins der Rheinlande und Westfalens‹, dem viele naturwissenschaftliche Forschungen auch im Gebiet des Westerwaldes zu verdanken sind.

Friedrich Wilhelm Raiffeisen (1818–1888) hatte andere Ziele. In seiner bescheidenen Amtsstube in Weyerbusch entwickelte er Ideen, die heute weltumspannend umgesetzt sind.

Widrige Umstände riefen ihn als Helfer auf den Plan: die bis an den Rand einer Hungersnot führende Missernte des Jahres 1846 sowie die wirtschaftliche Belastung der Landbevölkerung in der Folge preußischer Reformen.

Als Bürgermeister von Weyerbusch gründete er im Winter 1847 den berühmten ›Brodverein‹ und, nach Übernahme des Bürgermeisteramtes in Flammersfeld, 1849 den ›Hülfsverein zur Unterstützung unbemittelter Landwirte‹, den ersten ländlichen Darlehenskassen-Verein. Nach einer erneuten Versetzung folgte 1854 der ›Heddesdorfer Wohltätigkeitsverein‹ und 1864 dessen Umwandlung in den ›Heddesdorfer Darlehnskassen-Verein‹ – die Keimzelle des heute in fast allen Ländern der Erde tätigen Genossenschaftswesens.

Mit dem politisch-wirtschaftlichen Neubeginn im Gebiet der ehemaligen DDR besann man sich auch dort wieder auf das Vermächtnis Raiffeisens und begründete nach 1990 erneut ein weites System genossenschaftlicher Einrichtungen. Immerhin erfolgte nach Raiffeisens Vorbild die erste Gründung einer Darlehnenskasse außerhalb des Westerwaldes bereits 1879 in Frankenheim/Thüringen. Hier standen mehrere Dorfschaften vor der Wahl, entweder zu verelenden oder geschlossen nach Amerika auszuwandern.

Angesichts seiner erfolgreichen Genossenschaften wollte die Universität Bonn Raiffeisen die Ehrendoktorwürde verleihen. Der Festakt war für den 70. Geburtstag am 30. März 1888 vorgesehen. Raiffeisen verstarb jedoch wenige Tage zuvor.

Ihm zu Ehren wurden die Straßenverbindung, die zwischen Hamm und Heddesdorf alle wichtigen Lebens- und Wirkstätten Raiffeisens berührt und die in Teilen auf seine Initiative hin gebaut wurde, um den Westerwald an die Wirtschaftsregion Mittelrhein anzubinden, 1984 in ›Historische Raiffeisenstraße‹ umbenannt.

Relief am Raiffeisendenkmal in Neuwied

Die Höhen des Siebengebirges

Von Königswinter nach Heisterbach

Lord Hamilton, berühmter Gatte einer berüchtigten Gattin, erkannte seine wahre Natur: Das Siebengebirge ist nicht nur ein herausragendes Vulkangebiet, sondern auch ein sehr verlockendes Wanderparadies.

DIE WANDERUNG IN KÜRZE

++ Anspruch

5.30 Std. Gehzeit

15 km Länge

Charakter: Einfache Bergwanderung auf breiten, gut bezeichneten Wegen und überwiegend durch geschlossenen Wald, anfangs mit steilerem Anstieg auf den Drachenfels und einem weiteren auf den Großen Ölberg

Ausrüstung: Fernglas

Wanderkarten: Wanderkarte 1 : 25 000 Naturpark Siebengebirge, TK 1 : 50 000 Blatt L5308 Bonn

Einkehrmöglichkeiten: Königswinter, Drachenfels, Milchhäuschen, Margarethenhöhe, Großer Ölberg, Einkehrhaus

Anfahrt: Mit dem Kfz: Von Norden oder Süden über die A 3 oder B 42 bis Königswinter, im Innenstadtbereich die ausgeschilderten Parkplätze an der Drachenfelsbahn ansteuern. **Mit öffentlichen Verkehrsmitteln:** Auf der Bundesbahnstrecke Köln–Neuwied–Koblenz bis Bhf. Königswinter oder von Bonn oder Siegburg mit der Stadtbahn 64/66; außerdem gibt es eine Anlegestelle verschiedener Rheinschifffahrtslinien. Vom Bahnhof und von der Anlegestelle aus der Beschilderung zur Talstation der Drachenfelsbahn folgen.

Wir beginnen unsere Wanderung in Königswinter an der **Talstation der Drachenfelsbahn.** Wer rasch und bequem an Höhe gewinnen möchte, kann natürlich gleich Deutschlands älteste und steilste Zahnradbahn benutzen, die im halbstündlichen Takt zwischen Tal- und Bergstation auf dem Drachenfels verkehrt. Entschlossenere Wanderer wählen den

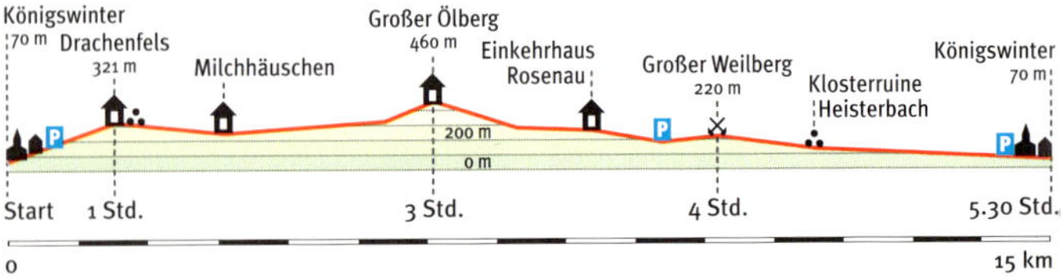

steilen Fahrweg, der gleich bei der Talstation die aufgestelzte B 42 unterquert.

Etwa auf halbem Weg zum Gipfel (30 Min.) erreichen wir rechts eine lang gezogene Mauer und stehen kurz darauf am ausgeschilderten Eingang zur **Drachenburg,** 1879–1884 in neugotischem Stil von einem Bonner Bankier errichtet und von Spöttern auch ›Rheinisches Neuschwanstein‹ genannt. Der ummauerte Park mit seinem sehenswerten Baumbestand ist auch gartengeschichtlich bedeutsam. In der Drachenburg wird künftig das Museum für die Geschichte des Naturschutzes untergebracht. Park und Innenräume kann man besichtigen.

Der schmale Wanderweg, in diesem Abschnitt auch Eselsweg genannt, führt nun für knapp 1 km besonders steil, aber in sanftem Bogen um die Drachenfelsnordflanke bergan. An mehreren Stellen gibt er den Blick auf die malerische Ruine der Burgruine Drachenfels frei, deren Felsfundament man mit einem aufwendigen Ankersystem gesichert hat, nachdem die Folgen jahrzehntelanger Steinbruchtätigkeit sie fast hätten einstürzen lassen. Oberhalb des Weges sind an mehreren Stellen die Werkspuren römerzeitlicher Steinmetze zu sehen. Nach einer letzten Linksbiegung stehen wir auf der **Aussichtsplattform des Bergrestaurants** auf dem **Drachenfels** (1 Std.) und genießen beim Verschnaufen erst einmal das großartige Panorama am Übergang des Mittel- in den Niederrhein mit den beiden großen Rheininseln Grafenwerth (an das rechtsseitige Ufer angebunden) und Nonnen-

Aussicht vom Drachenfels – von Höhepunkt zu Höhepunkt

werth (strommittig gelegen). Wir werden den Landschaftseindruck später bei der Rundsicht vom Großen Ölberg noch einmal beträchtlich steigern.

Wer noch ein paar Kräfte aktivieren möchte, erreicht über einen kurzen Abstecher die Burgruine **Drachenfels.** Mitte des 12. Jh. ließ der Kölner Erzbischof die Burganlage zur Territorialsicherung errichten, aber bereits zum Ausgang des Dreißigjährigen Krieges wurde sie geschleift.

Wir gehen nun über die Terrasse des Bergrestaurants zur **Bergstation der Zahnradbahn** und erreichen hier einen breiten Fahrweg, der zunächst ein wenig bergab führt. Nachdem wir die Brücke über die Schienenanlage überschritten haben, zweigen wir in der scharfen Linksbiegung des Fahrweges nach rechts ab und folgen diesem Weg über die Nordflanke der Wolkenburg, deren steinbruchzerfressene Fassade von hier jedoch nicht sichtbar ist. Nach etwa 750 m erreichen wir den mit »K« bzw. »X9« markierten Rheinhöhenverbindungsweg (RV), der uns zum Ausflugslokal **Milchhäuschen** (1.45 Std.) und dann durch den Wald fast geradlinig nach Osten führt, vorbei an der zentralen Kuppenkette des Siebengebirges mit Schallenberg (310 m), Geisberg (324 m) sowie Jungfernhardt (323 m).

Hinter der Jungfernhardt biegt Weg »K« rechts ab, um entlang der Südflanke des Lohrbergs zur Löwenburg zu führen. Wir gehen jedoch an der Abzweigung geradeaus weiter bis zum **Nasseplatz,** wo wir unbedingt einen Blick in den berühmten, durch einen kurzen Hohlweg zugänglichen Steinbruch (mit Schutzhütte) an der Nordseite des breitrückigen Lohrberges (435 m) werfen sollten – er zeigt die Gesteinslagerung der Trachytkuppe und ihrer Tuffummantelung.

Nur wenige Gehminuten in Richtung Osten sind es jetzt noch bis zur **Margarethenhöhe** (2.30 Std.). (Ermüdeten bietet sich von hier Rückfahrmöglichkeit nach Königswinter mit RVK-Bus 521.) Wanderwillige überqueren rasch die belebte Verbindungsstraße zwischen Königswinter und Ittenbach, um hinter dem ausgedehnten Wanderparkplatz auf schweißtreibendem Pfad den Gipfel des Großen Ölbergs (460 m) in Angriff zu nehmen, den Höhepunkt unserer Wanderung. Wir folgen vom Parkplatz dem Hinweisschild »Berggasthaus« auf anfangs noch recht breitem, nach wenigen Gehminuten aber zunehmend schmalerem Weg, der ziemlich geradlinig bergan zum Gipfel führt, nachdem er zweimal den breiten, von rechts hochführenden Fahrweg gequert hat. Das letzte Stück zur Kuppe wird noch ein wenig enger und steiler. Wir nehmen den schmalen Weg, der unter Hinweis auf das Berggasthaus nach links abzweigt und buchstäblich über Stock und Stein zum Gipfel führt. Bald haben wir – im Bereich eines früheren Steinbruchs gelegen – das Gasthaus und seine große Aussichtsterrasse auf dem **Großen Ölberg** vor uns (3 Std.).

Die Aussicht vom Gipfel, der in seinem Kern aus Alkalibasalt und im Mantel aus Quarztrachyt besteht, ist grandios und im weiten Umkreis wahrhaftig nicht zu übertreffen. Seine exponierte Lage nutzen auch allerhand Antennenanlagen der Telekom und der Flugsicherung des nahen Flughafens Köln-Bonn. Sollten Sie das Glück haben, diese Wanderung an einem besonders klaren Frühherbsttag zu unternehmen, können Sie die Landschaft fast wie aus dem Flugzeug genießen. Der Blick erreicht alle markanten Gipfel des Siebengebirges. In nordwestlicher Richtung geht er über Bonn hinaus weit in die Niederrheinische Bucht. Bei klarem Wetter ist selbst der Kölner Dom zu sehen, auf jeden Fall aber der wolkenweise aufsteigende Wasserdampf der großen Kraftwerke im rheinischen Braunkohlerevier. Am westlichen Horizont zeichnet sich als rückwärtige Eifelkulisse das Hohe Venn ab. Weiter nach Südwesten sind Michelsberg, Aremberg, Hohe Acht und die Gesamtheit der Laacher Vulkanberge zu sehen. Im Südosten erfasst er schließlich große Teile des Niederwesterwaldes bis zur Montabaurer Höhe. Sogar die markante Malbergkuppe (vgl. Wanderung 9) ist am Horizont auszumachen.

Nach der verdienten Pause auf der Aussichtsterrasse des Ölberghauses geht's nur noch bergab. Vom Gipfel nehmen wir den gleichen Weg zurück. Wo wir zuvor hangaufwärts abgebogen sind, wenden wir uns nun zunächst ein paar Schritte nach rechts auf die Nordflanke des Bergs und folgen dann dem scharf nach links Richtung Westen abbiegenden Weg hangabwärts (Hinweis: Rosenau – Einkehrhaus). Nach etwa 500 m erreichen wir den mit »R« markierten Rheinhöhenweg, dem wir anfangs durch schönen Hochwald und dann rechts flankiert von einer großen Lichtung bis zum Wegestern an der Gaststätte **Einkehrhaus** folgen (3.45 Std.).

Wer will, kann hier einen kurzen Abstecher zum ehemaligen Steinbruch Stenzelberg mit einem sehenswerten geologischen Aufschluss machen. Ansonsten gehen wir immer geradeaus und ignorieren sämtliche Abzweigungen, bis wir nach ca. 500 m dem scharf nach rechts abbiegenden Fahrweg folgen, um nach einem knappen Kilometer zu dem Wanderparkplatz an der Verbindungsstraße Oberdollendorf–Heisterbacherrott zu gelangen. Wir gehen noch ein Stück weiter und nehmen links den bezeichneten Weg zum ehemaligen Steinbruch **Großer Weilberg** (4 Std.).

Dieser Aufschluss ist unbedingt sehenswert, er zeigt klassisch schön die Anatomie eines Vulkanbaus. Besondere Tafeln veranschaulichen die zu Stein erstarrte Vergangenheit. Zum besseren Verständnis ist der gesamte Aufschluss farbig dargestellt, sodass man die entsprechenden Gesteinspartien auf der gegenüberliegenden Abbauwand leicht identifizieren kann. Wir gehen zurück zum Eingang des ehemaligen Steinbruchs, biegen rechts in den Waldweg ein und erreichen nach 1 km die grünen Fluren von **Heisterbach** (4.30 Std.).

Von der einst mächtigen, 1202 begonnenen Zisterzienserabtei blieb nach Abbruch im letzten Jahrhundert nur die berühmte spätromanische Chorruine, deren Werksteine die gesamte Geologie des Siebengebirgsraums widerspiegeln.

Gleich hinter dem heutigen Augustinerinnenkloster wenden wir uns links und folgen bei zunächst leichtem Anstieg dem mit »I« bezeichneten Waldweg um den Fuß des Petersberges herum, der als Sitz der Alliierten Hohen Kommission in der Entstehungsgeschichte der Bundesrepublik Deutschland einen besonderen Rang einnimmt. Über diesen Hang führte die 1889 eröffnete und bis 1958 betriebene Petersbergbahn auf 1000 mm Schmalspur.

Unser Weg berührt bald die offenen Fluren am **Jugendhof Rheinland,** einer Bildungseinrichtung des Landschaftsverbandes Rheinland, und führt uns hangabwärts unter der B 42 hindurch zum **Bahnhof Königswinter.** Von hier aus gehen wir wenige Schritte weiter zu unserem **Ausgangspunkt an der Drachenfelsbahn** zurück (5.30 Std.).

Siebengebirge

Von allen Seiten überragt das Siebengebirge, die ›Nordwestecke des Westerwaldes‹, sein Umland, die benachbarten Tallandschaften, und bildet damit einen imposanten Akzent.

Alexander von Humboldt war so begeistert, dass er das Siebengebirge gar als ›Achtes Weltwunder‹ bezeichnete. Heute ist es nicht nur ein mehrfach mit dem Europadiplom ausgezeichneter Naturpark, sondern auch ein hochrangiges Naturschutzgebiet mit einer vielfältigen und unbedingt erhaltenswerten Pflanzen- und Tierwelt.

Naturfreunde fasziniert das lebhafte Relief und die vielphasige Vulkangeschichte; Historikern imponiert nicht nur die malerische und seit dem Beginn der Rheinromantik bewunderte Burgruine, die einst Stammsitz der Grafen von Drachenfels war, sondern auch die übrige Territorialgeschichte, die weitere befestigte Sitze, wie z. B. die Löwenburg und die Wolkenburg, hervorgebracht hat. Auch der Bergbau auf Kupfererz ist bereits seit der Römerzeit nachweisbar. Kunstfreunde treffen hier auf manches Kleinod – von der großartigen Spätromanik der Ruine Heisterbach bis zu den verwinkelten Fachwerkbauten der Siebengebirgsorte.

Nicht nur als Alternative bei schlechtem Wetter ist das Siebengebirgsmuseum in Königswinter (Kellerstraße 16, nahe der Rheinpromenade) zu empfehlen. Es ist in einem barocken Bürgerhaus von 1732 untergebracht und eignet sich hervorragend zur Vor- oder Nachbereitung unserer Wanderung.

Die goldene Meile im Blick

Von Bad Hönningen nach Bad Honnef

Das untere Mittelrheintal vermittelt einen geradezu südlichen Charme. Auch die Westerwälder Randhöhen zeigen sich von ihrer sonnigsten Seite. Beides verbindet diese Wanderung über den beliebten und gleichermaßen berühmten Rheinhöhenweg.

DIE WANDERUNG IN KÜRZE

++ Anspruch

6 Std. Gehzeit

23 km Länge

Charakter: Längere Streckenwanderung entlang der Rheinseite des Westerwaldes auf schmalen aber festen Wegen mit mehreren kurzen Ab- und Anstiegen im Bereich der querenden Tälern

Wanderkarte: TK 1 : 25 000 Naturpark Rhein-Westerwald, Blatt 1

Einkehrmöglichkeiten: Ariendorf, Leubsdorf, Dattenberg, Linz, Kasbach, Erpeler Ley, Bruchhausen, Bad Honnef

Anfahrt: Mit dem Kfz: Über die Autobahn A 3 bis Abfahrt Bad Honnef/Linz, dann über Linz nach Bad Hönningen; von Bonn oder Koblenz rechtsrheinisch über die B 42 bis Bad Hönningen bzw. linksrheinisch über die B9 bis Autofähre Remagen-Linz bzw. Bad Breisig-Bad Hönningen; **mit öffentlichen Verkehrsmitteln:** Ausgangs- und Zielpunkt der Wanderung liegen an der Bundesbahnstrecke Köln–Neuwied–Koblenz (Bhf. Bad Hönningen und Bad Honnef); beide Orte werden von verschiedenen Schifffahrtslinien angefahren.

Der Ausgangspunkt unserer Wanderung ist der **Bahnhof** in **Bad Hönningen.** Wir beeilen uns, von der Bahnhofstraße und rechts durch die Hauptstraße in nordwestlicher Richtung (Linz) bis zur Kleinen Marktstraße zu kommen, biegen hier rechts ein, gehen wenige Schritte geradeaus bis zur Walther-Feld-Straße und unterqueren durch die Fußgängerunterführung die Bahnlinie. Auf der anderen Seite biegen wir links in die Wohnstraße Am blauen Stein ein (nicht nach rechts der Markierung »RV« für Rheinhöhen-Verbindungsweg folgen!) und erreichen nach etwa 250 m eine Kreuzung, von der halb rechts eine kleine Fahrstraße, der Schlossweg, zum Schloss Arenfels abzweigt. Wir folgen dieser Fahrstraße, der die Umgehungsstraße B 42 unterquert, bis in den Schlosshof hinein.

Schloss Arenfels, ein imposantes, an den Talhang angelegtes Bauwerk ist im Kern mittelalterlich, es wurde später zu einer offenen Renaissanceanlage erweitert und zuletzt in der Mitte des 19. Jh. vom Kölner Dombaumeister Zwirner im Zuge des Historismus im neugotischen Stil umgestaltet. Im Volksmund wird es ›Jahresschloss‹ genannt, weil es angeblich 365 Fenster, 52 Türen und 12 Türmchen besitzt. Auf der bewirtschafteten Schlossterrasse sind Besucher willkommen, die übrigen Anlagen sind Privatbereich.

Der Weg führt uns nun links im Bogen in den Schlosspark, den schon längst keine Gartenschere mehr zügelt. Von rechts stößt im spitzen Winkel der mit »R« markierte Rheinhöhenweg auf unseren Weg, ihm folgen wir immer an der Felskante entlang. Mehrere wundervolle Aussichten bieten sich auf die Goldene Meile des gegenüberliegenden Rheinufers. Dieser Landstrich erhielt seinen Namen aus zweierlei Gründen: Zum einen hat die Goldene Meile in ihrer langgezogenen, halbmondförmigen Talweitung die ungefähre Länge einer alten geographischen Meile, nämlich ca. 7 km, zum anderen hat sie als gemeinsames Schwemmland von Brohlbach, Vinxtbach, Ahr und Rhein einen sehr fruchtbaren Auenboden. Jenseits der Goldenen Meile erreicht der Blick bei klarem Wetter sogar die Kuppen der Osteifeler Vulkanberge im Umkreis des Laacher Sees.

Nach etwa 1 km erreichen wir eine breite Fahrstraße und folgen den Spitzkehren hinab in das Ariendorfer Bachtal. In **Ariendorf** (45 Min.) bewundern wir die hübschen Fachwerkbaugruppen in ihrer für die Region charakteristischen schwarzweißen Farbfassung. Die kleine Kapelle im Ortszentrum entstand 1712, die so genannte Burg Ariendorf erst um 1840 an Stelle eines bereits frühmittelalterlich nachgewiesenen Königshofes. In der großen Kiesgrube über dem Ort erkannten Archäologen neben Resten eiszeitlicher Fauna anhand typischer Bodenverfärbungen die Grundrisse eines Zeltes. Dieses ist der bisher früheste, nämlich etwa 150 000 Jahre alte, Nachweis einer menschlichen Behausung in Mitteleuropa. Die Funde sind im Museum Monrepos bei Neuwied (vgl. Wanderung 4) dokumentiert.

Im Ort gehen wir rechts an der Kapelle vorbei, biegen aber nicht rechts in die bachbegleitende Ariendorfer Straße ein, sondern wenden uns nach etwa 50 m rechts hangaufwärts. Dieser Weg trägt weiterhin die Markierung »R«. Ihm folgen wir über zwei Spitzkehren bis auf die rheintalbegleitende Höhenflur. Nun folgen knapp 1,5 km über die Höhenfluren und durch einen Hohlwegabschnitt bis nach **Leubsdorf** (1.20 Std.), eine typische Nebentalsiedlung entlang der Bachstraße in der engen Talaue. Mehrere ansehnliche Fachwerkhäuser und vor allem das imposante steinerne Burghaus aus dem 16. Jh. mit seinem Fachwerkaufbau und vorkragenden Ziererkern im Ortszentrum verdienen unsere Aufmerksamkeit.

Wir folgen unserem Weg nach links in Richtung Rhein, biegen bei

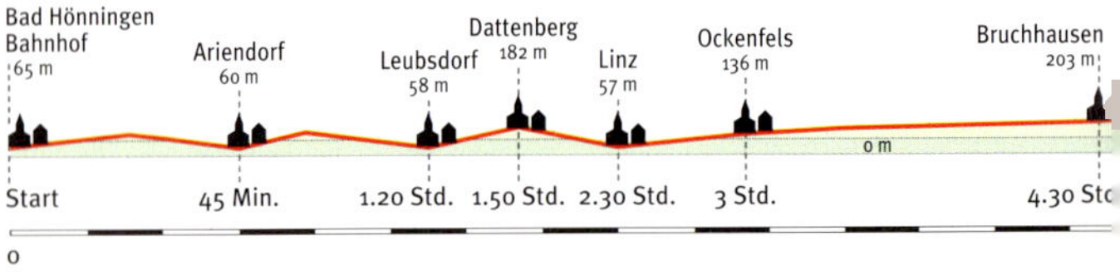

Die Goldene Meile zu Füßen der Erpeler Ley

der Einmündung rechts in die Kirchstraße ein und wählen den Weg, der an der Kirche aufwärts und oberhalb des Ortes vorbeiführt. Etwa 150 m weiter zweigt links mit einer Spitzkehre der Rheinhöhenweg (»R«) ab. Wir halten uns jedoch weiter geradeaus und erreichen durch den Hohlweg nach etwa 400 m die **Dattenberger Höhe,** die – wie zahlreiche Gräberfunde ausweisen – altes fränkisches Siedlungsgebiet ist. Der schmucke Höhenort **Dattenberg** (1.50 Std.) ist für seinen feurigen Rotwein bekannt und besitzt mit der Burg Dattenberg, die nur noch in Resten aus dem 13. Jh. erhalten ist, ein besonders schönes Landschulheim.

Wir biegen links in die Bornbergstraße ein, folgen ihr im Rechtsbogen bis zur Kapelle und zweigen rechts – dem Rheinhöhenweg weiterhin folgend – in den Angstweg ab. Er führt uns am nördlichen Ortsende von Dattenberg an einem aufgelassenen, großen Basaltsteinbruch vorbei, den die Natur sich längst zurückerobert hat. Auf dem gegenüberliegenden Rheinufer tritt jetzt die weite Öffnung des unteren Ahrtals in den Blick. Nach einem knappen Kilometer führt uns unser Weg in engen Serpentinen über einen schattigen, bewaldeten Hang nach **Linz** hinunter. Hier folgen wir dem Talausgang etwa 300 m bis zum Bahnviadukt, biegen davor rechts in die Straße Am Gestade ein und folgen ihr bis zum Eingang in die Altstadt am **Rheintor** (2.30 Std.). Wer will kann auf dem stimmungsvollen Burgplatz hinter dem Tor eine kleine Stärkungspause einlegen.

Wegen seiner vielen schmucken Fachwerkhäuser aus dem 14.–20. Jh. wird Linz auch die ›Bunte Stadt am Rhein‹ genannt. Und hier gibt es viel zu sehen: Zum einen Reste der mittelalterlichen Stadtmauer und zwei noch intakte Stadttore, das Rhein- und das Neutor. Zum anderen die Burg Feith, eine hervorragend restaurierte kurkölnische Zollburg, die heute das Folterkammermuseum und die Musikinstrumentensammlung beherbergt. Linz hat das älteste und immer noch als solches genutzte Rathaus von Rheinland-Pfalz: Es stammt aus dem 14. Jh. Auch die Pfarrkirche St. Martin, mit deren Bau 1206 begonnen wurde, ist wegen ihrer wertvollen Wandfresken beachtenswert.

Wir gehen nun links an der **Linzer Burg** vorbei, treffen dann auf die Straße Am Sändchen und folgen ihr etwa 150 m bis über die scharfe Rechtskurve (mit Fußgängerunterführung zum Linzer Bahnhof). Hinter

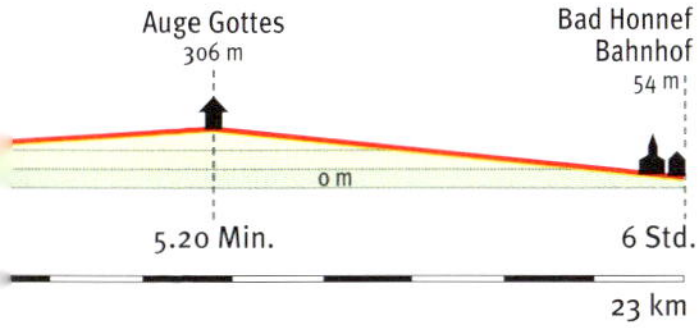

der Biegung zweigt links die Fahrstraße Rheinhöllerweg ab, und etwa weitere 50 m beginnt links – zwischen Häusern etwas versteckt – erneut der mit dem weißen »R« markierte Rheinhöhenweg. Er führt uns zunächst als Hohlweg durch die alte Weinberglage **Rheinhöller** und bietet an der Terrassenkante wunderschöne Ausblicke auf die Linzer Altstadt und das Mündungsgebiet der Ahr.

Vor uns liegen jetzt schon die ersten Wohnhäuser von **Ockenfels** (3 Std.). Die in den 20er Jahren auf mittelalterlichen Ruinen neu errichtete Burg Ockenfels lassen wir links liegen. Wir queren die Hauptstraße und biegen rechts in die kleine Wohnstraße Auf dem Eschert ein; nun folgen wir dem markierten Rheinhöhenweg für etwa 1 km entlang der Talschulter.

Im nahen **Kasbachtal** (3.30 Std.) müssen wir ein letztes Mal ab- und anschließend wieder bergan steigen. Der schmale Weg führt durch aufgelassene Rebfluren und verwilderte Obstgärten. Bald erreichen wir das Plateau der **Erpeler Ley** (4 Std.) und genießen die prachtvolle Aussicht auf die Goldene Meile, auf den vielfach gestuften Abhang des Westerwaldes, aber auch auf Remagen, Unkel und das Siebengebirge. Die beiden Brückentürme aus schwarzer Basaltlava sind die Reste der bekannten Brücke von Remagen, die zum Ende des 2. Weltkrieges eine besondere militärische Rolle gespielt hat. Im Brückentunnel unter dem Berg führt heute ein Institut der Universität Bonn hochempfindliche geophysikalische Messungen durch. Unser weiterer Weg führt uns nun, immer der Markierung »R« folgend, über das breite Plateau der Erpeler Ley bis nach **Bruchhausen** (4.30 Std.), wo ein Besuch der Wallfahrtskirche St. Johann Baptist mit der im Rheinland einzigartigen Totentanzdarstellung aus dem 17. Jh. lohnt.

In Bruchhausen biegen wir dem »R« folgend an der Einmündung der Marienbergstraße rechts ab, wandern ein Stück entlang der Fahrstraße nach Kalenborn, biegen nach etwa 500 m links ab und erreichen durch die Höhenfluren den **Erpeler Kirchspielwald.** Hier befinden wir uns schon im südlichen Vorland des vulkanischen Siebengebirges (vgl. Wanderung 1) mit seinen markanten Vulkankuppen Meerberg und Asberg, die vom Steinbruchbetrieb geöffnet sind. Im Waldgebiet selbst fallen die großen Vorkommen der immergrünen Stechpalmen auf. Auf dem ziemlich eben und fast gerade verlaufenden Waldweg erreichen wir die **Schutzhütte Auge Gottes** (5.20 Std.) – so benannt nach einem früher hier angebrachten warnenden Hinweis für Holz- und Wilddiebe. Gleich 200 m nördlich der Hütte verläuft die Landesgrenze zwischen Rheinland-Pfalz und Nordrhein-Westfalen sowie zwischen den beiden Naturparks Rhein-Westerwald und Siebengebirge. Wir bleiben weiterhin auf dem Rheinhöhenweg und wenden uns am Fuße des **Leyberges** vorbei, nach Nordwesten. Der Weg führt uns, mit gelegentlichen Ausblicken auf die Eifel oder die Siebengebirgskuppen, über die Schulter eines kleinen Bachtales in den Stadtteil **Selhof** von Bad Honnef. Über die Hauptstraße, Linzer Straße und Menzenberger Straße erreichen wir den Bahnhof am Grafenwerther Altarm des Rheins. Auch **Bad Honnef** (6 Std.) ist mit seinem Kern um die spätromanische Kirche St. Johann Baptist und zahlreichen ansehnlichen Fachwerkhäusern ein illustres Beispiel für ein stimmungsvolles Städtchen an der Rheinflanke des Westerwaldes.

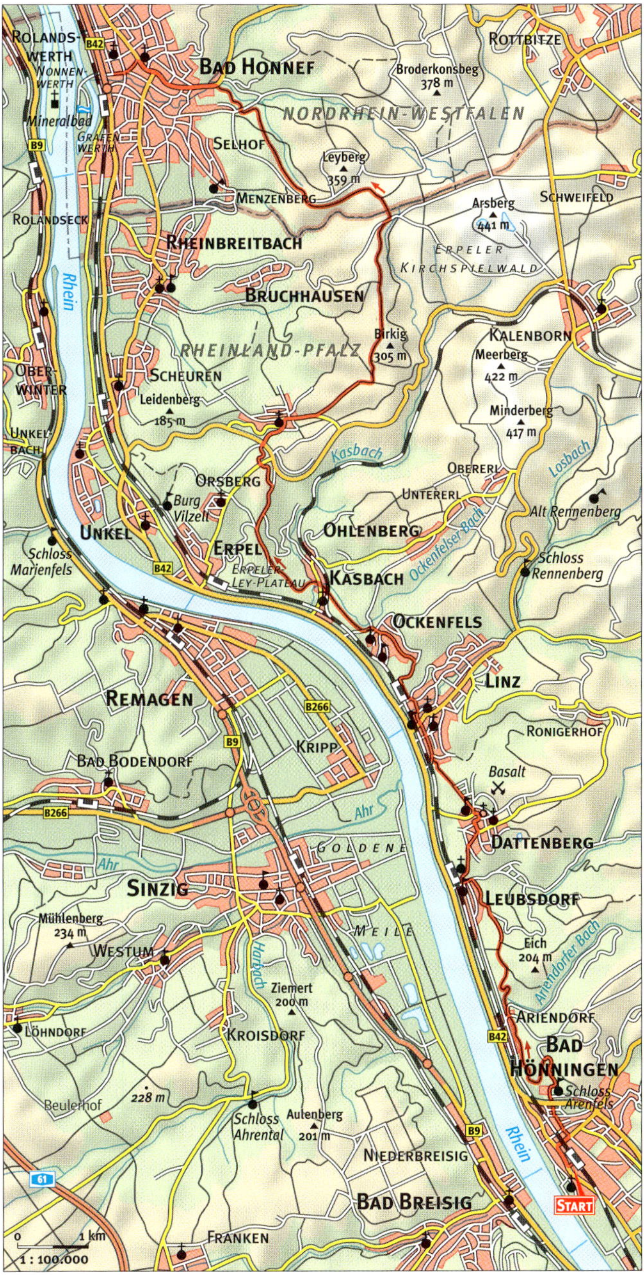

Bad Honnef
Rolandswerth
Nonnenwerth
Mineralbad
Grafenwerth
Selhof
Menzenberg
Rottbitze
Broderkonsberg 378 m
Nordrhein-Westfalen
Leyberg 359 m
Arsberg 441 m
Schweifeld
Rolandseck
Rheinbreitbach
Erpeler Kirchspielwald
Bruchhausen
Rhein
Kalenborn
Meerberg 422 m
Birkig 305 m
Rheinland-Pfalz
Oberwinter
Scheuren
Leidenberg 185 m
Minderberg 417 m
Unkelbach
Kasbach
Obererl
Losbach
Orsberg
Untererl
Burg Vilzelt
Alt Rennenberg
Unkel
Ohlenberg
Schloss Marienfels
Erpel
Ockenfelser Bach
Schloss Rennenberg
Erpeler Ley-Plateau
Kasbach
Ockenfels
Linz
Remagen
B266
Ronigerhof
Kripp
B9
Bad Bodendorf
Basalt
B266
Ahr
Dattenberg
Goldene Meile
Sinzig
Leubsdorf
Mühlenberg 234 m
Eich 204 m
Westum
Harbach
Ariendorfer Bach
Ziemert 200 m
Ariendorf
Löhndorf
Kroisdorf
B42
Bad Hönningen
Schloss Arenfels
228 m
Beulerhof
Schloss Ahrental
Aulenberg 201 m
B9
Niederbreisig
61
Bad Breisig
Start
0 1 km
1 : 100.000
Franken

Dem Limes auf der Spur

Auf den Rheinhöhen zwischen Leutesdorf und Rheinbrohl

Von den bunten Leutesdorfer Fachwerkhäusern führt uns diese Wanderung auf den Höhenrücken zwischen Rhein und Wied am Südwestrand des Naturparks Rhein-Westerwald. Wir folgen den Spuren, die die römischen Besiedler einst zurückgelassen haben.

DIE WANDERUNG IN KÜRZE

++ Anspruch

5 Std. Gehzeit

18 km Länge

Charakter: Einfache, wenn auch ausgedehnte Streckenwanderung mit längerem, aber mäßigem Anstieg zu Beginn auf breiten Flurwegen und ruhigen Fahrstraßen

Wanderkarten: Wanderkarte 1 : 25 000 Naturpark Rhein-Westerwald, Blatt 1, 1 : 50 000 Naturpark Rhein-Westerwald

Einkehrmöglichkeiten: Leutesdorf, Haus Haselberg, Weierhof, Bad Hönningen, Rheinbrohl

Anfahrt: Mit dem Kfz: Über die B 42 bis Leutesdorf oder linkrheinisch über die B 9 bis Andernach, Auto dort auf den Parkplätzen nahe der Rheinpromenade abstellen und mit der Personenfähre nach Leutesdorf übersetzen; **mit öffentlichen Verkehrsmitteln:** Bundesbahnstrecke Köln–Neuwied–Koblenz bis Bhf. Leutesdorf; Leutesdorf ist außerdem Anlegestelle regionaler und überregionaler Rheinschifffahrtslinien.

Unser Ausgangsort **Leutesdorf** ist ein kleiner, aber ausgesprochen geschichtsträchtiger Weinort. Wer will, kann sich hier erst einmal umschauen: Außer den hübschen Fachwerkhäusern an der Rheinfront, können wir die Reste der Stadtbefestigung und das malerische Zolltor aus kurtrierischer Zeit bestaunen. Auch der Fronhof in der Kirchstraße, der einmal im Besitz der Abtei Marienstatt war, ist sehr interessant. Besonders harmonische Formen zeigt auch die aus dem 17. Jh. stammende weiß getünchte Kreuzkirche, die heutige Ordenskirche, am nördlichen Orts-

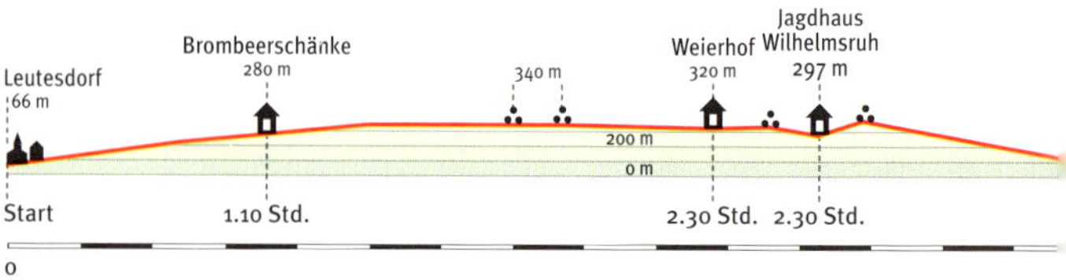

ende. In der Krypta ist eine Nachbildung der Jerusalemer Grabeskirche zu sehen.

In Leutesdorf gehen wir vom **Bahnhof** nach rechts durch die Bungertallee und in die Rheinstraße weiter, biegen rechts in die Kirchstraße ab und kommen links an der Kirche St. Laurentius mit romanischem Turm, aber barockem Langhaus, vorbei. Wir laufen – dem grünen Hinweisschild zur Brombeerschänke folgend – auf einem asphaltierten Wirtschaftsweg bergan. Er führt uns unterhalb des **Langenbergskopfes** durch Rebgelände. An der ersten Spitzkehre treffen wir auf den von links kommenden Rheinhöhenweg mit der Markierung »R«, der nach zwei weiteren scharfen Kehren die hier nur vergleichsweise schmale **Hauptterrassenfläche des Rheins** erreicht (45 Min.).

Diese etwa 700 000 Jahre alte Hauptterrassenebene des Rheins ist

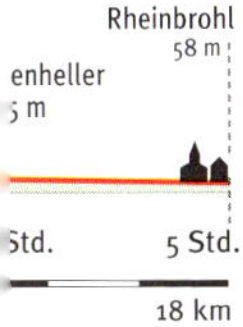

Mittelrhein-Weinort Leutesdorf

rechtsrheinisch nur wenig ausgebildet; viel deutlicher zeichnet sie sich auf dem gegenüberliegenden Rheinufer als ebenmäßig durchlaufende Höhenflur nördlich der Andernacher Talpforte aus.

Im spitzen Winkel der zweiten Fahrwegkehre zweigt ein hangparalleler, schmaler Felsweg etwa 50 m weit zu einer zeitweise bewirtschafteten Hütte ab – dieser kleine Stichweg lohnt sich schon allein wegen der prächtigen Aussicht auf die Neuwieder Beckenlandschaft und den Taleingang des unteren Mittelrheins.

Wir kehren zum Fahrweg zurück und erreichen nach ca. 2 km die **Brombeerschänke** (Haus Haselberg, 1.10 Std.), die einen Besuch sicher nicht nur wegen der prächtigen Aussicht auf die zu Füßen liegende, weitläufige Landschaft des nördlichen Neuwieder Beckens mit der Stromspaltung des Rheins (Weißenthurmer Werth) lohnt. Auf der linken Rheinseite fallen jetzt die markanten Kuppen des Osteifeler Vulkanfeldes in den Blick. Bei der nächsten Rechtsbiegung des Weges entdecken wir wieder das weiße »R«, das den Rheinhöhenweg markiert, und folgen ihm über den **Jakobshof** hinaus in Richtung Waldrand.

Etwa 1 km weiter mündet von rechts ein von Neuwied-Feldkirchen heraufkommender Wanderweg ein. Wir gehen geradeaus weiter und treffen nach ca. 300 m auf den **Limeswanderweg,** in den wir nun nach links einbiegen. Er ist mit dem Symbol eines römischen Wachturms markiert – ein unverkennbarer Hinweis darauf, dass wir nun besonders geschichsträchtigen Boden betreten und die alte römische Reichsgrenze, den Limes erreicht haben. Diesem Wegzeichen vertrauen wir uns bis nach Bad Hönningen an.

Die einzelnen Wachposten, Türme oder Kleinkastelle der antiken Demarkationslinie sind von WP1/1 – WP 1/19 durchnummeriert. Unsere

Wanderung nach Nordwesten entspricht der umgekehrten Reihenfolge. Die genaue Lage der Wachposten entlang des Limeswanderwegs ist in der Naturpark-Wanderkarte eingetragen. Der Limes verläuft nun mehrere Kilometer lang auf dem Höhenrücken, der die Wasserscheide zwischen Rhein und Wied darstellt.

Gleich linker Hand nach der Einmündung in den Limeswanderweg sind die Reste von **WP 1/19** nach Grabungsbefund gesichert, aber im Gelände nur schwer auffindbar. Sein Nachbarposten **WP 1/18** (Auf der Wurzel) ist dagegen besser zu erkennen – er liegt auf einer strategisch geschickt gewählten Kuppe und bestand ursprünglich aus zwei getrennten Steintürmen. Hier im Buchenmischwald ist auch der Limeswall als solcher sehr gut erhalten.

Gleich nach einer Rechtsbiegung unseres Wanderweges befindet sich der nächste Grenzposten **WP 1/17** auf einer kleinen Anhöhe , die der Limes östlich umrundet. Einen weiteren Steinfundamentrest von **WP 1/16** können wir im Hochwald etwa 250 m links unseres Weges aufsuchen. Vom breiten, bequemen Weg aus gut sichtbar ist die Umwallung des Kleinkastells **Rockenfeld** und, etwa 20 m nördlich davon, der sich gerade noch abzeichnende Fundamentrest von **WP 1/14**. Rund 1 km weiter nordöstlich liegt die heute bis auf ein Hofgut aufgelassene Siedlung Rockenfeld – von hier stammen die Vorfahren der amerikanischen Industriellenfamilie Rockefeller.

Unser Wanderweg mündet bald links in eine kleine Fahrstraße ein. Diese gehen wir weiter, bis wir kurz nach dem links abzweigenden Weg zum 1,3 km entfernten Forsthof, wieder rechts auf den Limeswanderweg stoßen. Hier befindet sich bereits der nächste Fundamentrest, nämlich der von **WP 1/13**. Möglicherweise lag in diesem Abschnitt noch ein weiterer Turm (WP 1/13a), der dann wahrscheinlich zu sehr früher Zeit dem Wegebau in diesem Flurbereich zum Opfer gefallen ist.

Auf der linken Seite unseres Weges treffen wir nun auf den einladenden **Weierhof** (2.30 Std.), in dem wir einkehren können. Von den offenen Rockenfelder und Weierhof-Fluren abgesehen, umgibt uns hier ringsum ein besonders weitläufiges und geschlossenes Waldgebiet, eine der fünf Kernzonen des Naturparks Rhein-Westerwald, die ausschließlich der sehr stillen Erholung dienen. Beim Weierhof markiert ein Gebüschstreifen im Ackerland links der kleinen Fahrstraße die Lage von **WP 1/12.** Noch ein Stück weiter geradeaus, auf dem **Plateau Freßhelder,** kann man die zum Limesverlauf etwas nach Westen verschobenen Fundamente von **WP 1/11** aufsuchen. Weiter nördlich, am **Jagdhaus Wilhelmsruh** (2.50 Std.), treffen wir auf **WP 1/10** und, zusätzlich zum hier besonders gut erhaltenen Limeswall, fast auf der Höhe des **Beulenbergs** auf **WP 1/9**. Das klar erkennbare Fundament von **WP 1/8** liegt rechts am Weg nahe der Schutzhütte. **WP 1/7** ist als Schuttkegel links inmitten einer Wiese östlich von **Gut Dielsberg** sichtbar. Die Position ist vortrefflich gewählt, denn zu römischer Zeit war fast die gesamte restliche Strecke bis WP 1/1 am Rhein von hier aus zu überblicken.

Im Gutsbereich selbst könnte – heute nicht mehr erkennbar bzw. zugänglich – WP 1/6 gelegen haben. **WP 1/5** am Abhang des Bahlsbachtales ist der letzte im Gelände noch erkennbare Limes-Rest; sein Nachbarposten WP 1/4 etwa 400 m westlich davon ist lediglich durch Scherbenfunde nachgewiesen. Von den restlichen Wachposten und dem Limesverlauf bis zum Rhein herunter sind dagegen nicht einmal geringste Spuren erhalten.

Wir erreichen über den leicht abschüssigen Weg zwischen Obstwiesen und Gebüschstreifen nach 4 Std. den Wanderparkplatz **Arienheller,** nahe einer erbohrten Thermal- bzw. Mineralquelle, wie sie im vulkanisch geprägten Rheinland nicht selten sind.

Von hier führt eine kleine Fahrstraße fast geradlinig auf der antiken Limestrasse direkt hinunter an das Rheinufer zur **Anlegestelle der Rheinfähre** Bad Hönningen – Bad Breisig. Hier hat man 1974 auf der (vermuteten) Stelle von WP 1/1 nach einer Darstellung auf der Trajanssäule in Rom einen Limesturm rekonstruiert. Etwa 180 m südlich davon lag unmittelbar am Rheinufer das Hilfskastell Rheinbrohl, dessen letzte Spuren der Kiesabbau erst vor wenigen Jahren beseitigte.

Für den weiteren Weg nach Rheinbrohl wählen wir den ufernahen Weg entlang des Rheins, der uns als eindrucksvolle Kulisse auf der anderen Rheinseite den Eifelrand und vor allem Burg Rheineck präsentiert, eine aus staufischer Zeit stammende Anlage, die man im letzten Jahrhundert in üppigen neoromanischen Formen erneuerte.

In **Rheinbrohl** lohnt sich ein Blick auf den alten Gertrudenhof, das heutige Rathaus, das nach Gertrudis, der Tochter des fränkischen Königs Pippin I, benannt ist. Die unter anderem aus der Zeit der Pippinischen Schenkung stammenden mittelrheinischen Besitzungen der berühmten Abtei Nivelles wurden von hier aus verwaltet.

Vom **Bahnhof** Rheinbrohl (5 Std.) besteht Rückfahrmöglichkeit zum 6 km entfernten Leutesdorf.

Besuch in der Steinzeit

Von Altwied nach Monrepos

Etwas zurückgesetzt von der Neuwieder Beckenlandschaft führt uns diese Rundwanderung aus dem romantischen Wiedtal auf die Westerwälder Randhöhen von Monrepos, wo uns auch ein kulturgeschichtlicher Höhepunkt erwartet.

DIE WANDERUNG IN KÜRZE

+ Anspruch

2.45 Std. Gehzeit

7 km Länge

Charakter: Leichte Rundwanderung auf bequemen Waldwegen und ruhigen Fahrstraßen mit mäßigem Anstieg zu Beginn und leichtem Gefälle zum Ausgangspunkt

Wanderkarte: WK 1:25 000 Naturpark Rhein-Westerwald Blatt 3

Einkehrmöglichkeiten: Altwied, Monrepos

Anfahrt: Mit dem Kfz: Aus Richtung Bonn oder Koblenz auf der B 42 bis Neuwied, im Stadtteil Heddesdorf abbiegen in die Wiedbachtalstraße Richtung Waldbreitbach/Neustadt bis Altwied oder über die A 3 Abfahrt Neustadt und dann durch das Wiedtal rheinwärts; **mit öffentlichen Verkehrsmitteln:** Bahnstrecke Köln–Wiesbaden bis Bhf. Neuwied, dann Nahverkehrsbus Richtung Waldbreitbach

Museum Monrepos: April–Okt.: Di–So 9–17 Uhr; Nov.–März: Mi, Sa, So 10–17 Uhr

Was die Ahr für die Eifel, ist die Wied für den Westerwald – eine unübersehbare landschaftliche, aber keine ausgeprägt politische Grenzmarke – und sie ist ein bemerkenswert eng eingetaltes Fließgewässer, das die angrenzende Höhenflur in windungsreichem Lauf durchschneidet.

Wir beginnen unsere Rundwanderung im malerischen **Altwied** am **Parkplatz** vor der Torburg. Die Ruine einer dreiseitig von der Wied umflossenen Spornburg aus dem frühen 12. Jh. beherrscht das Ortsbild mit seinen charakteristischen Fachwerkhäusern. Die Felsbasis und das aufgehende Mauerwerk der Burgruine bestehen aus den rund 390 Mio. Jahre alten Devonschiefern. Die Burganlage ist in einen den gesamten Ort umgebenden Wehrgang einbezogen und war Sitz der Grafen zu Wied, bis die Gebietsverwaltung schließlich im 17. Jh. ins neugegründete Neuwied mit seinem Barockschloss zwischen Wiedmündung und Rhein verlegt wurde. Erwähnenswert ist auch die spätgotische Pfarrkirche mit ihrem nahezu fensterlosen Langchor.

Wir folgen der Wiedtalstraße ein paar Schritte in Richtung Neuwied, gehen rechts über die zweibogige **Wiedbrücke,** dann gleich nach rechts und vertrauen uns dem bekannten

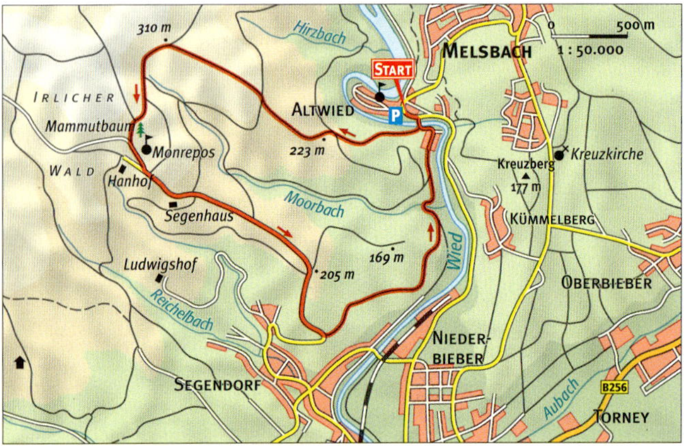

Zeichen »R« für den Rheinhöhenweg an, der hier mit steilem Anstieg den dicht bewaldeten Prallhang der Wied bezwingt. Mehrere kleine und fast immer hangabwärts führende Waldwege zweigen ab – wir bleiben jedoch hangaufwärts immer geradeaus. Schon nach etwa 1 km haben wir diese schweißtreibende Steigung im wesentlichen geschafft, befinden uns bereits ca. 200 m über dem Talgrund und treten wenig später aus dem Wald in freies Gelände hinaus. Wir gehen weiter am Waldrand entlang und bleiben geradeaus bis wir nach etwa 1,2 km, dem weißen »R« folgend, nach links abbiegen.

Hier bietet sich eine prächtige Fernsicht über die weite Landschaft des Mittelrheinischen bzw. des Neuwieder Beckens. Kaum vorstellbar, dass hier die geradezu dramatische Unruhe der Erdkruste in der erdgeschichtlich relativ kurzen Zeit von wenigen Jahrmillionen die devonischen Schiefergesteine gleich um mehrere hundert Meter in die Tiefe versenkte. Das Ergebnis dieser Krustenbewegung ist die Beckenlandschaft im Geviert zwischen Westerwald, Taunus, Hunsrück und Eifel, die Geologen und Geographen auch als ›intramontanes Tiefland‹ bezeichnen.

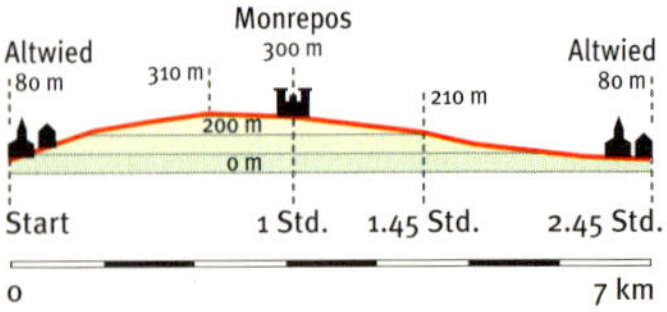

Bald geht es auf der Hochfläche für etwa 400 m wieder durch Wald. Bei der nächsten Weggabelung halten wir uns rechts und erreichen bald das etwas versteckt zwischen hohen Bäumen liegende, 1909 erbaute **Prinzessinnenpalais** des Schlosses **Monrepos** (1 Std.). Vom ehemaligen Jagdschloss und späteren Sommersitz Monrepos der Fürsten zu Wied (erbaut ab 1757) ist heute allerdings nichts mehr zu sehen. Wegen nicht aufzuhaltenden Verfalls wurde es bei einer Feuerwehrübung 1969 abgebrannt. Nur das prächtige Exemplar eines Mammutbaums aus den kalifornischen Rocky Mountains erinnert an den ehemaligen Standort des Schlosses. In Monrepos wurde übrigens Elisabeth Prinzessin zu Wied geboren, die als spätere Königin von Rumänien unter dem Pseudonym Carmen Sylva romantische Gedichte und Lieder schrieb.

Das renovierte Prinzessinnenpalais beherbergt seit 1988 als Sonderabteilung des Römisch-Germanischen Zentralmuseums Mainz das ›Museum für die Archäologie des Eiszeitalters‹, kurz ›Museum Monrepos‹ genannt, und die Forschungsstelle Altsteinzeit der Universität zu Köln. Dieses Haus präsentiert die Ergebnisse aus mehr als drei Jahrzehnten Forschung: einzigartige Grabungsergebnisse aus dem an Fundpunkten so reichen Mittelrheinischen Becken. Tatsächlich sind an Hand von Funden aus diesem vergleichsweise kleinen Gebiet rund eine Millionen Jahre Vor- und Frühgeschichte der Menschheit dokumentiert.

Nach einem unbedingt zu empfehlenden ausgiebigen Museumsbesuch folgen wir der Fahrstraße in südlicher Richtung, lassen den **Hanhof** rechts liegen und wandern abwechselnd durch alten Buchenhochwald und Obstwiesen etwa 1 km mit sanftem Gefälle bis zur ersten Linkskurve. Etwa 500 m weiter, wo die Fahrstraße in einer Spitzkehre nach rechts Richtung Neuwied-Segendorf (1.45 Std.) abbiegt, wenden wir uns nach links und folgen dem Flurweg über die **Talschulter der Wied**. Nach knapp 1,5 km trifft dieser Weg auf den von rechts heranziehenden Rheinhöhenverbindungsweg (RV), dem wir weiter geradeaus folgen, nicht ohne die prachtvolle Sicht auf den unteren Ausgang des Wiedtals bei Niederbieber genossen zu haben.

Nach etwa 1 km leichter Wanderung am rechten Wiedufer erreichen wir wieder die Bogenbrücke über die stille Wied. Der kleine Fluss oder große Bach ist zwar 95 km lang, doch sind Quelle und die Mündung im nahen Neuwied in der Luftlinie nur 32 km voneinander entfernt. Die Wied entspringt nämlich im Bereich der Westerwälder Seenplatte (vgl. Wanderung 20) in rund 400 m Höhe. Sie sägt sich auf ihrem windungsreichen Lauf fast 330 m tief in das Westerwälder Schiefergebirge ein, dessen Gesteine hier überwiegend aus den unterdevonischen Siegener Schichten (rund 390 Mio. Jahre alt) bestehen.

Von der **Wiedbrücke** sind es dann nur ein paar Schritte zurück zu unserem **Ausgangspunkt** (2.45 Std.).

Im unteren Wiedtal bei Altwied

Durch die Lahrer Herrlichkeit

Von Flammersfeld in die Mettelshahner Schweiz

Bei Oberlahr wird es allmählich eng: Aus einer breiteren Wiesenmulde tritt die Wied endgültig in ihr windungsreiches Engtal ein. Unsere Rundwanderung verknüpft das Erlebnis von Talaue und bewaldeten Wiedhöhen mit dem kunstgeschichtlichen Höhepunkt Ehrenstein.

DIE WANDERUNG IN KÜRZE

++
Anspruch

4.30 Std.
Gehzeit

18 km
Länge

Charakter: Längere Rundwanderung auf ruhigen Fahrstraßen oder breiten Wanderwegen, im Wiedtal kurzzeitig nahe der Hauptstraße, mit kurzem, steilen Anstieg zurück auf die Höhenflur

Wanderkarte: TK 1 : 50 000 Wandern im nördlichen Westerwald (Landkreis Altenkirchen)

Einkehrmöglichkeiten: Flammersfeld, Rott, Oberlahr, Burglahr, Peterslahr

Anfahrt: Mit dem Kfz: Über die Autobahn A 3 bis Abfahrt Neustadt, aus Richtung Neuwied oder Altenkirchen über die B 256 bis Ortsmitte Flammersfeld; **mit öffentlichen Verkehrsmitteln:** RMV-Bus zwischen Neustadt und Altenkirchen

Radfahren: Die Strecke von Flammersfeld durch das Wiedtal bis Neustadt oder weiter ist vorzüglich als Radtour geeignet. Am Zielpunkt muss vorher ein PKW für den Rücktransport bereitgestellt werden, da dies mit dem öffentlichem Nahverkehr nicht möglich ist.

Besichtigung: Der Alvenslebenstollen in Burglahr kann nach Anmeldung bei der Gemeindeverwaltung Flammersfeld befahren werden; Tel. 0 26 85–80 90.

Unsere Rundwanderung beginnt im Ortszentrum von **Flammersfeld.** In der Raiffeisenstraße finden wir den ehemaligen Amtssitz von Friedrich Wilhelm Raiffeisen, der hier als Bürgermeister im Jahre 1849 seinen

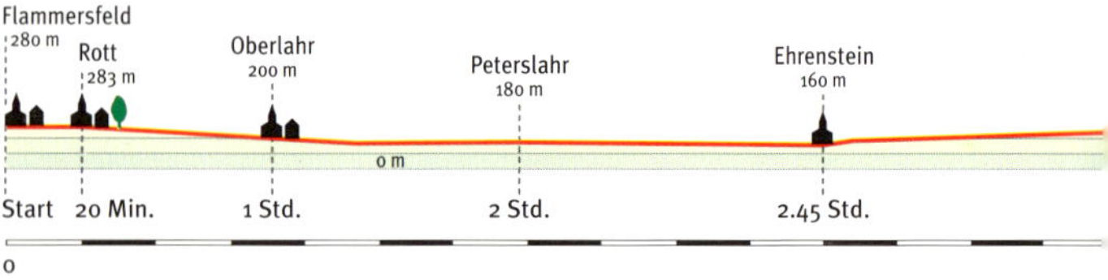

»Hülfsverein für unbemittelte Landwirte« gründete und damit die Basis für das heute europaweit arbeitende Genossenschaftswesen legte. In dem ansehnlichen Fachwerkhaus ist heute das Raiffeisen-Museum untergebracht. Die ortsquerende B 256 ist die **»Historische Raiffeisenstraße«,** deren festen Ausbau zwischen Flammersfeld und dem Rhein Bürgermeister Raiffeisen im letzten Jahrhundert ebenfalls mit Erfolg betrieb.

Wir folgen ihr bis zum südwestlichen Ortsausgang, treten hier in den Nordostzipfel des Naturparks Rhein-Westerwald ein und halten uns vor dem hochwüchsigen Fichtenbestand gleich rechts auf dem Waldweg zum Nachbardorf Rott. In diesem Ortsnamen klingt, wie in vielen ähnlichen Westerwälder Dorf- oder Flurnamen, die mittelalterliche Waldrodung nach. Unser Weg, der als Markierung eine weiße »2« trägt, ist einer der Hauptwanderwege des Westerwaldvereins in Nord-Süd-Richtung.

In **Rott** (20 Min.) treffen wir am Nordrand des Ortes auf eine mächtige, mindestens 500-jährige Stieleiche, die zwar schon einen bedrohlich gelöcherten Stamm hat, sonst aber noch recht vital aussieht. Sie ist, wie eine weitere uralte Eiche im Nachbardorf Kaffroth, als Naturdenkmal geschützt.

Bei der Eiche treffen mehrere Wege zusammen, wir behalten unsere ursprüngliche Nord-Süd-Richtung bei und folgen dem Weg »2« über den südlichen Ortsrand hinaus links an einem kleinen Waldstück vorbei. Nach etwa 250 m kreuzt er einen anderen Flurweg, in den wir rechts einbiegen und in einen kleinen Siefen, das **Silbertal,** absteigen. Durch dessen Talgrund erreichen wir nach 1,2 km die Ortschaft **Oberlahr** (1 Std.), die sich auf einer Terrassenstufe des Wiedtals ausdehnt.

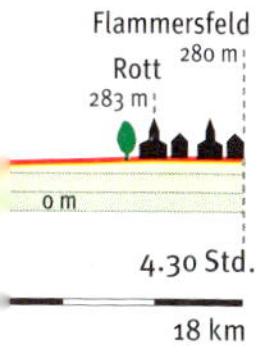

Hier beginnt die Lahrer Herrlichkeit – zweifellos eine anmutige und herrlich gemüterfrischende Tallandschaft, aber eigentlich nach den ehemaligen grundherrlichen Besitzverhältnissen so benannt: Oberlahr gehörte lange Zeit zu Kurtrier, alte Grenzsteine vermerken den territorialen Anspruch mit dem Kürzel CT; die Nachbarorte hingegen gehörten zu Kurköln (Grenzmarkierung CK). Die kurtrierische Verwaltung residierte in einer im 18. Jh. aufgegebenen Wasserburg beim heutigen Forsthaus Bruch vor dem östlichen Ortseingang. In diesem Bereich steht heute ein großes Hotel neben der ausgedehnten Freizeitanlage »Lahrer Herrlichkeit«.

In Oberlahr treffen wir außerdem auf mancherlei Spuren ehemaligen Bergbaus auf Eisen- und andere Erze. Im Ort selbst existierte die Grube ›Silberwiese‹, die ihren Namen auf Grund der abgebauten silberglänzenden Bleierze trug; im nahen Lahrbachtal bei Burdenbach gab es die Grube Louise und bei Burglahr die Grube Harzberg.

Das Silberwiesental verlassend, gehen wir in Oberlahr zunächst geradeaus, überqueren einen kleinen Bach und folgen der Dorfstraße im Bogen rechts und biegen nach etwa 150 links in eine leicht abwärts führende Straße ein, über die wir nach etwa 300 m die Wiedtalstraße

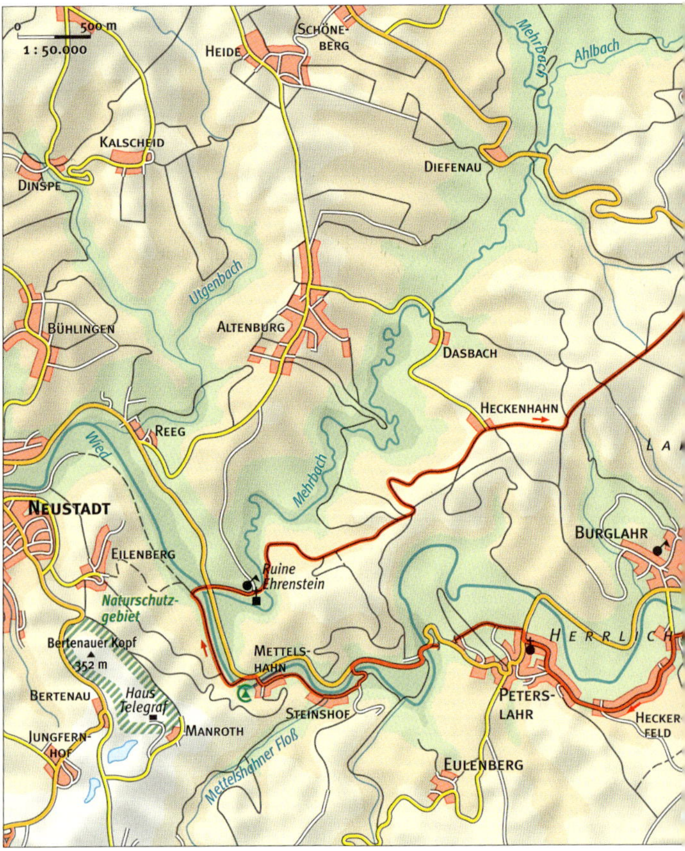

erreichen. Wenige Schritte weiter biegen wir davon links in einen Wiesenweg ab, der zur **Wiedbrücke** führt, und gehen etwa 200 m geradeaus weiter bis zur nächsten Wegkreuzung, bei der wir nach rechts abbiegen. Wir befinden uns jetzt auf einer ehemaligen **Schienentrasse,** die in der Talstrecke der Lahrer Herrlichkeit einen Teil unseres Wanderweges bildet.

Dieser Damm über dem linken Wiedufer gehörte zur 1912 eröffneten Bahnlinie 251k, die von Linz nach Flammersfeld führte und dort auf die Anschlussstrecke Siershahn-Altenkirchen traf. Für die nur 34 km lange Strecke benötigten die Personenzüge seinerzeit knapp 1,5 Stunden, denn sie hatten immerhin 296 HM zu überwinden. Ihre vier Steilstrecken mit Zahnradbtrieb, mit mehreren Viadukten und allein im Wiedtal neun Brücken bildeten ein technikgeschichtliches Monument ersten Ranges. Im 2. Weltkrieg zerstört, war der Personenverkehr bis 1966 auf wiederhergestellten Teilbereichen in Betrieb, bis letztendlich 1992 auch der Güterbetrieb auf dem ver-

bliebenen Streckenabschnitt eingestellt wurde.

Etwa 500 m nach dem Bahndammweg sehen wir am gegenüberliegenden Wiedufer den schmucken Ort **Burglahr** (1.30 Std.). Wo sich heute die Häuser entlang der Talstraße aufreihen, hat die Wied nach der vorletzten Eiszeit einen Mäanderhals durchbrochen und ihren Talweg um fast 1,5 km verkürzt – dabei blieb der Burglahrer Burgberg als so genannter Umlaufberg zurück. Von der ehemaligen Burg, im frühen 13. Jh. durch die Grafen von Isenburg begründet und dann unter kurkölnische Hoheit gestellt, steht nur noch der mächtige und ortsbildbeherrschende Rundturm von 9 m Durchmesser. Seine Grundmauern aus hiesigem Devongestein, kurz Bruchstein genannt, sind 3,5 m dick.

Nach insgesamt etwa 700 m über den ehemaligen Bahndamm treffen wir auf das Mundloch des **Alvenslebenstollen,** der hier zur Entwässerung der Erzgrube Louise schnurgerade in den Berg getrieben wurde und nach Wiederherrichtung auf 1,5 km Länge zu begehen ist. Vor dem Stolleneingang stehen einige alte Grubenfahrzeuge. Nach weiteren 200 m treffen wir die Fahrstraße nach Heckerfeld, biegen links ab und folgen ihr hangaufwärts.

Heckerfeld (1.40 Std.) ist ein typisches Straßendorf mit mehreren schönen Fachwerkhäusern, an denen die solide Zimmermannstechnik mit mächtigen Eichenbalken auffällt. Zwischen den Häusern öffnen sich immer wieder beeindruckende Durchblicke auf die Tallandschaft der Lahrer Herrlichkeit.

In Heckerfeld trifft von links aus dem Talhang Wanderweg »K« auf unsere Fahrstraße. Wir folgen diesem Weg und erreichen nach knapp 500 m **Peterslahr** (2 Std.) mit der namensgebenden Petruskirche (12. Jh.) im Kreise weiterer schöner Fachwerkbauten. Von der ursprünglichen Kirche ist nur noch der eindrucksvolle Westturm erhalten – das stilsicher neuromanisch gestaltete Langhaus entstand dagegen erst 1901.

In Peterslahr verläuft die Wiedtalstraße weiter talabwärts nicht auf dem Talauenboden, sondern führt auf einen Mittelterrassensporn herauf und hinter dem Ort in einer unübersichtlichen Spitzkehre wieder auf Talniveau zurück. Dieser Abschnitt ist für Wanderer nicht besonders einladend. Wir gehen daher vom **Kirchplatz** nach rechts mit dem Wanderweg »K« ein Stück zur Wied bis zum Beginn der Birkenallee vor der Brücke und biegen hier links in den Bahntrassenweg, der zu einem ehemaligen **Bahntunnel** führt und uns den Terrassensporn bequem unterqueren lässt.

Hinter dem Tunnelausgang geht es jetzt für etwa 400 m talabwärts entlang der Wiedtalstraße weiter. Dann biegen wir links in den bezeichneten Weg über die Wied zum Steinshof ein und gehen gleich nach der Brücke wieder rechts, wo wir die **alte Bahntrasse** wiederfinden. Malerische Auengehölze, überwiegend Silberweiden oder kaum zu unterscheidende Kreuzungen dieser Baumart mit anderen Schmalblattweiden sichern auch hier die Uferkante der Wied vor Erosion. Im Spätsommer fallen am Gewässerrand überall die dichten Bestände des Großblütigen Springkrauts auf – eine gartenflüchtige Zierpflanze aus Südasien, die innerhalb weniger Jahrzehnte hier heimisch geworden ist.

Wir gehen nun etwa 750 m geradeaus über dem linken Wiedufer bis zum Weiler **Mettelshahn** (2.15 Std.). Hier muss die Wied ihren engsten Taldurchgang passieren – auf dem Talgrund ist gerade genügend Platz für Wasser und Straße. Obwohl die Höhendifferenz zwischen Talboden und -schulter nur etwa 120 m beträgt, ragen die unzugänglichen Talwände wuchtig auf. Stellenweise hat man zur Sicherung der früheren Bahnlinie Felsanker angebracht. ›Mettelshahner Schweiz‹ hat man diesen Abschnitt genannt, bei dem die Wied einen devonischen Härtlingsriegel offenbar nur sehr mühsam durchschneiden konnte.

Hinter der Mettelshahner Schweiz fällt über dem linken Wiedufer eine markante Kuppe auf, der Bertenauer Kopf, der zusammen mit dem benachbarten Telegraphenberg als Naturschutzgebiet ausgewiesen ist. Auf dem Telegraphenberg befand sich im letzten Jahrhundert eine Station der berühmten optischen Telegraphenlinie von Koblenz, wo sich ja der Verwaltungssitz der Preußischen Rheinlande befunden hat, nach Berlin. Eine über unterschiedliche Flügelarmpositionen vermittelte Botschaft war bei günstigen Wetterbedingungen vom Sender zum Empfänger weniger als eine Stunde unterwegs – gemessen an Fax und e-mail zwar sehr gemächlich, aber in der Ära der Postkutsche eine geradezu rasante Nachrichtenübertragung.

Wir gehen gleich hinter den letzten Häusern von Mettelshahn rechts über die **Wiedbrücke** zur Wiedtalstraße, folgen dieser bis zur nächsten Rechtskurve am Straßenrand und gehen dann gleich wieder links über die kleine **Brücke** beim Parkplatz des Campingplatzes auf das linke Wiedufer zurück. Hier gehen wir geradeaus weiter, bis nach etwa 1 km an der Talstraße die in der Baumgruppe versteckte **Pestkapelle** sichtbar wird.

Hier kreuzt der Wanderweg »II« unseren Talweg. Auf diesen biegen wir rechts ab, gehen über die **Wiedbrücke,** queren die Talstraße und schwenken in das gegenüber einmündende **Mehrbachtal** ein. Nach etwa 500 m erreichen wir in einer kleinen Talweitung des Mehrbaches ein besonderes kulturgeschichtliches Kleinod des mittleren Wiedtals, nämlich Burgruine und Kloster **Ehrenstein** (2.45 Std.).

Die Burg stammt aus dem frühen 14. Jh., wurde jedoch bereits im Dreißigjährigen Krieg zerstört. Vom aufgehenden Mauerwerk sind noch große Teile erhalten. Die kleine spätgotische Dreifaltigkeitskirche wurde 1477 errichtet und weist bedeutende Glasfenster aus der Erbauungszeit auf. Nur wenig jünger ist das Kreuzbruderkloster, das nach der Wiedergründung besondere religiöse Impulse gab.

Hinter dem Konventgebäude überqueren wir den Mehrbach, der eigenartigerweise die Sprachgrenze zwischen der rheinisch-kölnisch geprägten und der main-/moselfränkischen Mundart ist, und folgen der Wegmarkierung »K« bzw. »II« etwa 400 m steil hangaufwärts. Nach einer starken Rechtsbiegung des Weges geht es deutlich weniger schweißtreibend über den dicht bewaldeten Höhenrücken zwischen Wied- und Mehrbachtal auf die Randhöhe der Asbacher Hochfläche. Das große geschlossene Waldgebiet, in dem hier und da Fichtenparzellen, schöne Rotbuchenstände oder auch bäuerlich genutzte Niederwälder abwechseln, ist die in diesem Abschnitt zum Landkreis Altenkirchen gehörende Nordflanke des waldreichen Naturparks Rhein-Westerwald.

Ein nach links abbiegender Hohlweg führt zu den Weilern Heckenbach und Dasbach. Wir bleiben jedoch geradeaus, bis unser Weg aus dem geschlossenen, sehr ruhigen Waldgebiet hinaustritt und sich rechts die offenen Fluren von Rott öffnen. Nach etwa 200 m biegt unser Weg (Markierung »II«) scharf nach rechts ab und führt uns mit leichtem Anstieg in die Ortschaft **Rott** (4.10 Std.) zurück, wo wir bald bei der schon bekannten hohlen Eiche eintreffen. Hier folgen wir der Wegemarkierung »II« bis zum Ausgangspunkt **Flammersfeld** (4.30 Std.).

Der Amtssitz von F. W. Raiffeisen in Flammersfeld – heute ein kleines Museum

Zwischen Wied und Holzbach

Von Altenkirchen nach Steimel

In Altenkirchen trennten sich die alten Fernwege vom Rhein zum Main und nach Thüringen. An der Gabelung baute man eine Kirche, daran erinnert heute noch der Ortsname. Wir wandern vom Kölnischen Westerwald durch waldreiche Gegend ins Wiedische Gebiet.

DIE WANDERUNG IN KÜRZE

++ Anspruch

6 Std. Gehzeit

23 km Länge

Charakter: Leichte, aber lange Wanderung auf guten Wegen. An heißen Tagen streckenweise ohne Schatten!

Wanderkarte: TK 1 : 50 000, Wandern im nördlichen Westerwald

Einkehrmöglichkeiten: Altenkirchen, Almersbach, Schöneberg, Steimel, Fluterschen

Anfahrt: Mit dem Kfz: Über die B 8 oder B 256 bis Altenkirchen; **mit öffentlichen Verkehrsmitteln:** Bundesbahnstrecke Köln-Au/Sieg-Limburg-Frankfurt bis Bahnhof Altenkirchen; Busverbindungen nach Altenkirchen von den meisten größeren Orten: Siegburg, Hachenburg, Neuwied, Koblenz, Betzdorf, Linz/Rhein, Steimel

Obwohl die jetzige Kreisstadt **Altenkirchen** Residenz der Grafschaft Sayn-Altenkirchen war, ist von der einstigen Pracht nicht mehr viel zu sehen: Nach den Zerstörungen des letzten Krieges sind keine alten Bauwerke mehr erhalten. Vom **Stadtzentrum** des Ortes begeben wir uns zunächst auf auf die Straße in Richtung Höchstenbach (B 8). Bei der Markierung weiße »3« auf schwarzem Grund biegen wir bald rechts in eine Nebenstraße ein, überqueren die Bahngleise und bald danach die Wied, deren Tal südlich durch bewaldete Hänge begrenzt wird. Wir wählen geradeaus den Waldweg, der uns steil empor zum **Bismarckturm** geleitet, der jedoch geschlossen ist.

Wir folgen der Fahrstraße nach rechts und biegen gleich bei der nächsten Kreuzung links ein. Der Weg führt am Waldrand entlang und am Gasthaus Johannisberg vorbei in das Tal des Almersbaches, der von Osten her durch den sanften, bei-

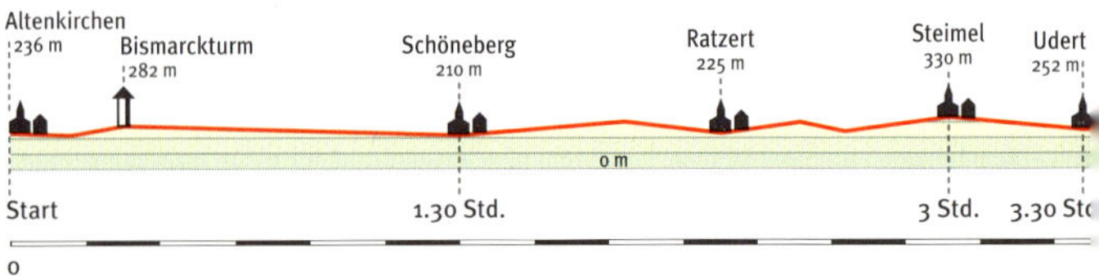

Romanische Kirche in Almersbach

derseits von bewaldeten Hängen umrahmten Wiesengrund herbeifließt. Wir wandern nun durch das Tal abwärts bis **Almersbach** (1 Std.).

Während der markierte Weg jetzt abzweigt, gehen wir geradeaus in den Ort hinein und schauen uns die sehenswerte Kirche an. Auf einem vorspringenden Felssporn über der Wied erhebt sich dieses spätromanische Bauwerk aus dem 13. Jh. Dem wuchtigen Westturm verpasste man später eine barocke Haube. Das Innere schmücken mittelalterliche Fresken, die man anlässlich einer Renovierung unter der Tünche reformatorischen Eifers entdeckt und wieder freigelegt hat.

Wir steigen vom **Kirchberg** wieder hinab und am Sportplatz vorbei ins **Tal der Wied,** die mit ihren rund 86 km (nach andern Quellen auch 95 km) der längste Bach des Westerwaldes ist. Unser Wanderweg bleibt nun im Wiesengrund, kürzt die kurvenreiche Strecke des Baches aber erheblich ab. Der offene Talgrund und die südöstlichen Hänge sind vor allem durch landwirtschaftliche Nutzung geprägt. Jenseits der Wied ziehen die Bahnlinie und die belebte Bundesstraße B 256 vorbei, sodass dieser Streckenabschnitt nicht so reizvoll sein mag, aber dennoch eine typische Landschaft des Niederwesterwaldes zeigt.

Schon bald erreichen wir **Schöneberg** (1.30 Std.). Ein Brand im Jahre

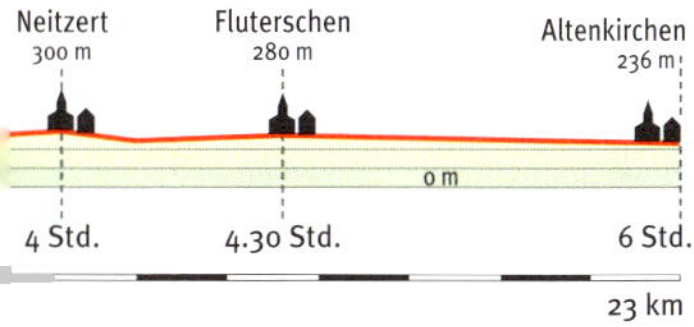

1854 hat praktisch alle sichtbaren Erinnerungen an den einstigen Amtssitz ausgelöscht. Wir folgen zunächst dem Sträßchen nach Stürzelbach in südlicher Richtung aus dem Ort hinaus, an der nächsten Weggabelung behalten wir die eingeschlagene Richtung bei. Während das Sträßchen ostwärts weiterzieht, nehmen wir den Weg durch den **Staatsforst Altenkirchen.** Während sonst dieser Teil des Westerwaldes überwiegend offenes Land ist, umfängt uns nun eine Weile lang Hochwald, meist Mischbestände von Laubholz, gelegentlich aber auch reine Fichtenkulturen.

Wir überqueren nun die Straße von Fluterschen nach Niederähren und gehen jenseits in südöstlicher Richtung weiter, bis wir auf die kurvenreiche Zufahrtsstraße nach Ratzert stoßen. Der Wambach hat in erdgeschichtlich langer Zeit steile Talflanken geschaffen, die den modernen Straßenbauern Geschicklichkeit abfordern, wie wir beim Abstieg schön sehen können. Wir folgen also der Straße und durchqueren den Ort. Das Sträßchen, das südöstlich zu den Wasserbehältern zieht, mündet in einen Weg, der uns nach 300 m zum Waldrand bringt. Wir bleiben in der eingeschlagenen Richtung bis zum Tal des Rodenbaches.

Wo der Wald beiderseits bis zum Bach herantritt, ist dieser zu zwei Teichen aufgestaut und speist ein Freibad. Jenseits des Rodenbaches zieht unser Weg südwärts am Wald entlang nach **Steimel** (3 Std.).

Wenn die Worterklärung ›Stein-Mal‹ stimmt, ist an eine germanische Landmarke zu denken. Dafür spricht auch, dass sich hier eine dem heiligen Martin geweihte Kapelle, die inzwischen zerfallen ist, befunden hat. Schon für das Jahr 1559 wird hier ein Markt erwähnt. Der alte von Eichen und Hainbuchen bestandene Marktplatz dient heute zwar der Erholung, aber Märkte werden noch immer abgehalten.

Wir verlassen Steimel auf der Straße nach Lautzert, von der wir aber gleich hinter dem Sägewerk links abbiegen und dem Weg nach Udert folgen. Wir orientieren uns bis dorthin an der Wegemarkierung »3«, die uns nach Norden in Richtung Altenkirchen führt. Zunächst gehen wir durch Wald, dann am Waldrand entlang und zuletzt durch die freie Feldflur. In **Udert** (3.30 Std.) überqueren wir abermals den Rodenbach und folgen der Fahrstraße nach Neitzert, die zu einem großen Teil durch Wald führt, in dem zunächst Laub- und dann Nadelholz vorherrscht. Nach einer halben Stunde kommen wir in **Neitzert** (4 Std.) an und gehen geradewegs weiter durch den Ort nach **Fluterschen** (4.30 Std.). Hier genießen wir nur noch wenig Schatten, denn unser Weg geht fast schnurgerade in nördlicher Richtung weiter. Zweimal zieht der Weg am Waldrand entlang, sonst gehen wir durch Felder und Wiesen, die auf halber Strecke der Wambach durchfließt, den wir überqueren. Dafür kann der Blick ungehindert die leichtwellige Landschaft erfassen, die für den Nieder-Westerwald typisch ist. Der sanfte Höhenzug, der hinter uns liegt, bildet die Wasserscheide zwischen Wied und Holzbach.

In Fluterschen wählen wir die Nebenstraße, die uns durch die freie Feldflur direkt nach **Almersbach** führt. Hier kommen wir wieder beim Sportplatz unterhalb des Kirchberges an und nehmen nun rechts den bekannten Weg nach **Altenkirchen** zurück (6 Std.).

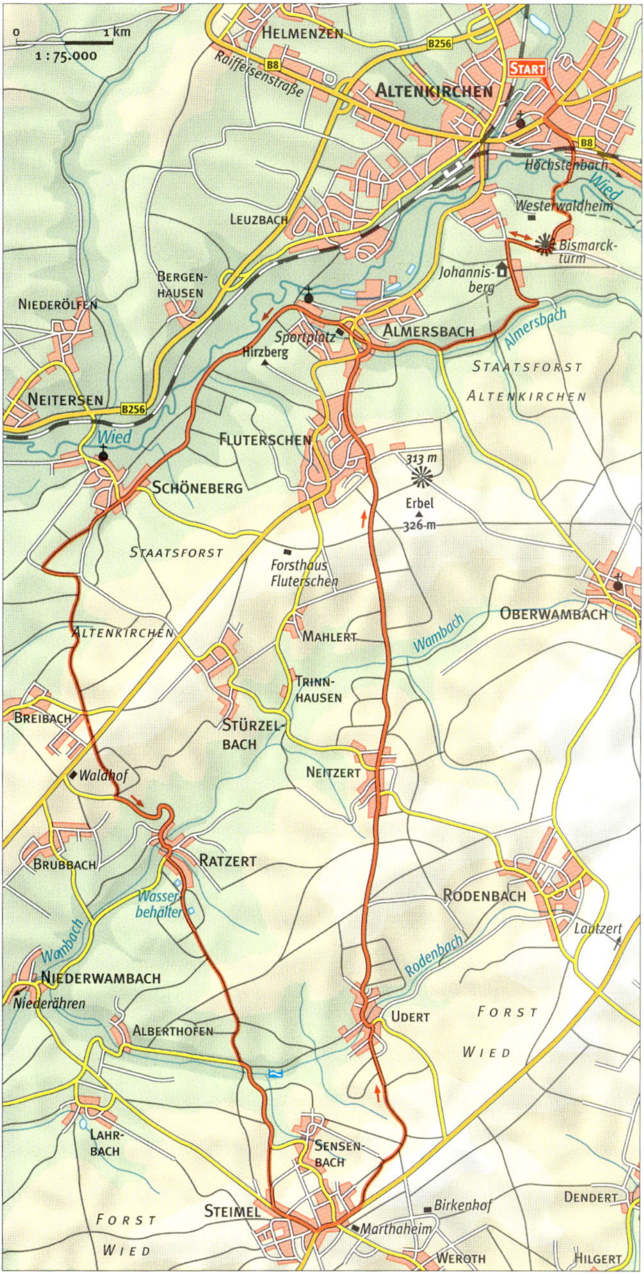

0 1 km
1 : 75.000
Helmenzen
B256
B8
Raiffeisenstraße
Altenkirchen
Start
Höchstenbach
Wied
Westerwaldheim
Bismarck-turm
Johannis-berg
Leuzbach
Bergen-hausen
Niederölfen
Sportplatz
Hirzberg
Almersbach
Almersbach
Staatsforst Altenkirchen
Neitersen
Wied
Fluterschen
313 m
Schöneberg
Erbel
326 m
Staatsforst
Forsthaus Fluterschen
Oberwambach
Altenkirchen
Mahlert
Wambach
Trinn-hausen
Breibach
Stürzel-bach
Neitzert
Waldhof
Brubbach
Ratzert
Rodenbach
Wasser-behälter
Lautzert
Wambach
Rodenbach
Niederwambach
Niederähren
Udert
Forst
Alberthofen
Wied
Lahr-bach
Sensen-bach
Forst
Steimel
Birkenhof
Dendert
Marthaheim
Wied
Weroth
Hilgert

Tour 7

Durch den Märker Wald

Rund um Dierdorf

Wir sehen uns in der ehemaligen Grafschaft Wied-Runkel um, die erst 1824 mit Wied-Neuwied vereinigt wurde. Der Märker Wald und das Holzbachtal geben den landschaftlichen Rahmen für eine abwechslungsreiche Strecke ab.

DIE WANDERUNG IN KÜRZE

++ Anspruch

6 Std. Gehzeit

21 km Länge

Charakter: Auf durchweg gut ausgebauten und markierten Wegen ist diese Wanderung fast ausnahmslos leicht zu bewältigen; lediglich die Länge der Strecke erfordert doch ein gewisses Durchhaltevermögen.

Wanderkarte: Wanderkarte 1 : 25 000 Verbandsgemeinde Dierdorf

Einkehrmöglichkeiten: in allen Orten

Anfahrt: Mit dem Kfz: Über die A 3 bis zur Ausfahrt Dierdorf, ab hier über die B 413bis nach Dierdorf, Parkplatz am Schlossteich; **mit öffentlichen Verkehrsmitteln:** Busverbindung werktags ab Neuwied, Koblenz und Altenkirchen

Idealer Treffpunkt ist der **Parkplatz am Schlossteich**, an dem die Neuwieder Straße vorbeiführt. Wir wählen für den Anfang unserer Wanderung den Maischeider Weg (Markierung: M), was die Orientierung erheblich erleichtert. Dem entsprechend verlassen wir die Stadt bei der evangelischen Kirche in Richtung Bahnhof, überschreiten den Holzbach und gehen durch die Unterführung bis zur Querstraße und dann links. Kurz danach folgen wir dem ersten Weg rechts ab mit den Markierungen »3« und »M«, denen wir uns bis zum Stehbach-Weiher anvertrauen. Unser Weg zieht in südwestlicher Richtung durch die Feldflur auf den Wald zu, vor dem sich unser Etappenziel bereits abzeichnet. Schließlich treffen wir auf die ersten Fischteiche bei **Hof Roth** (1 Std.), die vom Ochsenbruch-Bach gespeist werden. Die Teichanlagen setzen sich im Tal des Neuwiesenbaches fort und befinden sich im Besitz des Fürsten zu Wied.

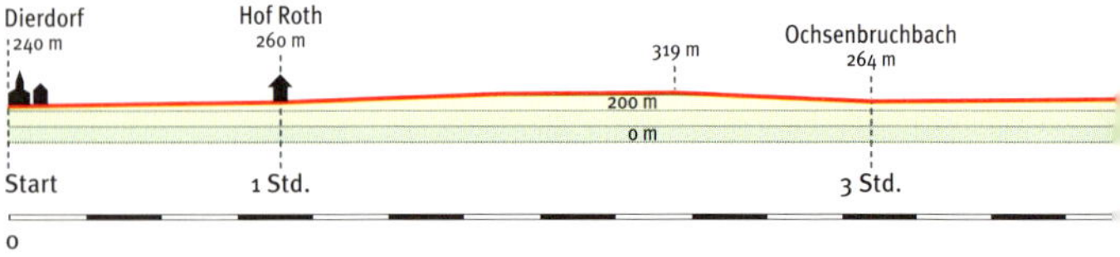

Wir gehen zwischen den Teichen hindurch und südwärts in den Wald hinein, bis wir auf die Straße Giersdorf-Großmaischeid stoßen, auf der wir die **Autobahn** (1.45 Std.) unterqueren. Der Waldweg bringt uns bis zum Stebach-Weiher, vor dem wir rechts abbiegen. Statt dem Maischeider Weg nach links zu folgen, bleiben wir diesseits des Baches und gehen in westlicher Richtung weiter. Am Waldrand angekommen überqueren wir die von Großmaischeid herbeiziehende Straße und gehen in der bisherigen Richtung weiter, bis wir nach 400 m wieder auf den Maischeider Weg »M« treffen. Ihm folgen wir jetzt durch den Wald bis zur Straße Kleinmaischeid-Dierdorf, auf der wir abermals die Autobahn unterqueren. Nach 100 m verlassen wir die Straße und gehen nach rechts in den Wald hinein, der Markierung »M« folgend.

Wir haben nun zweimal den Kontrast zwischen Waldstille und Verkehrslärm erfahren, vor allem haben wir eine Vorstellung von dem gewaltigen Eingriff in die Natur, den der Bau der IC-Trasse Köln-Frankfurt mit sich bringt, bekommen. Zunächst gehen wir am **Neuwiesenbach** entlang bis zur **Hütte,** bei der unser Weg den Bach überschreitet und nach links, in Richtung Norden, abbiegt. Für die folgenden 3 km vertrauen wir uns dem Maischeider Weg (M) an, der auf dieser Strecke noch viermal seine Richtung ändert und uns den **Ochsenbruch-Bach** überqueren lässt (3 Std.).

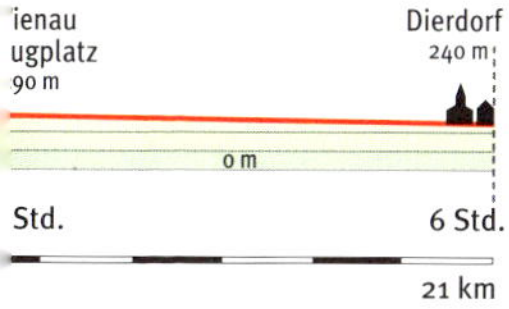

Am Waldrand stoßen wir auf die Bundesstraße B 413, hier verabschieden wir uns vom Maischeider Weg, der nun nach Dierdorf zurückführt, und gehen stattdessen auf der Straße nach links und gleich wieder rechts und geradeaus durch den Wald hindurch nordwärts. Wir überqueren den **Dernbach** und gehen gleich hinter der Brücke halbrechts und entfernen uns damit vom Bach in nordöstlicher Richtung.

Bei der **Schutzhütte** lassen wir den Querweg unbeachtet und bewegen uns geradeaus weiter auf Wienau zu. Seit Verlassen des Waldes konnten wir einen Eindruck vom Holzbach-Tal gewinnen, das eine Teillandschaft des Westerwaldes bildet. Dellen und Hohlwege sowie die vielen Nebenbäche schaffen ein unruhiges Relief. Die Weitläufigkeit des Tales macht es aber zu einem seit Jahrhunderten bevorzugten Siedlungsraum und zu einer günstigen Verkehrsader. Im weiteren Verlauf der Route wird sich dieser Eindruck noch vertiefen.

Wir überqueren die Bahngleise, gehen über die Brücke über den Holzbach und kommen nach **Wienau** (4 Std.). Wir gehen geradeaus weiter, überqueren die Hauptstraße und gehen jenseits bergan bis zum Ende der Straße, wo wir uns nach links wenden. Am **Wasserwerk** biegen wir scharf rechts ab. Immer geradeaus sehen wir am Ortsrand rechts das **Kriegerdenkmal.** Hier nehmen wir den Weg links, der weiter bergan und am Wasserbehälter vorbei zum Waldrand führt. Vor uns können wir den Betrieb des Segelflugplatzes beobachten.

Nach ca. 200 m stoßen wir auf den örtlichen Rundwanderweg, dem wir nach links folgen und dem wir uns jetzt anvertrauen. Unser Weg

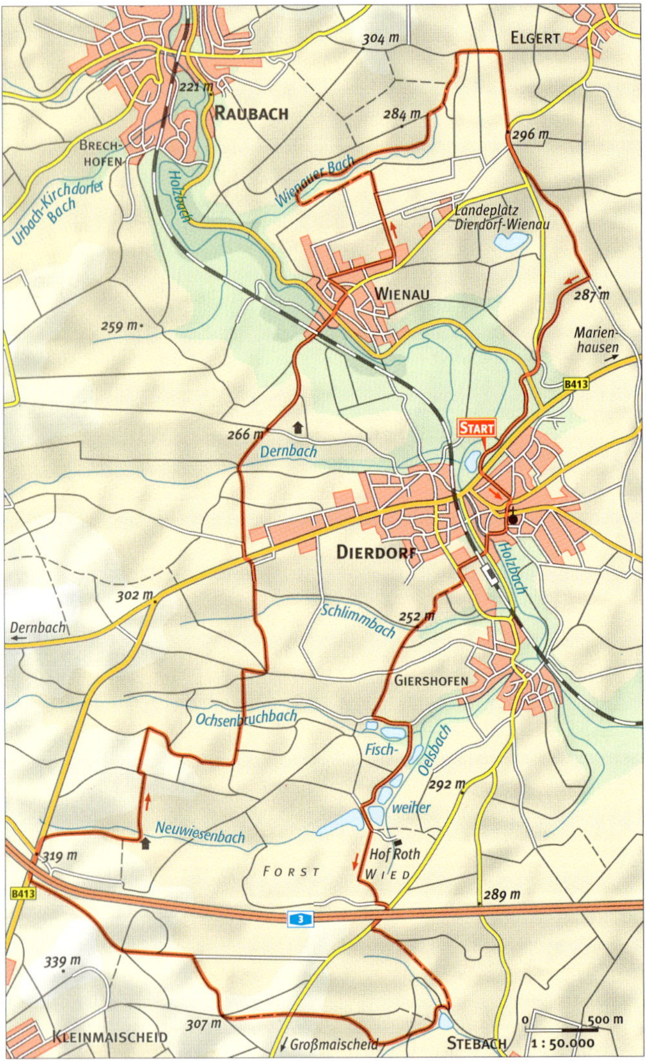

umrundet einen Abschnitt des Wienauer Baches, der hier durch eine romantische Waldschlucht fließt. Die Markierung führt und erst westwärts, dann steil hinab über den Bach und jenseits oberhalb in entgegengesetzer Richtung durch den Wald. Am Waldrand angelangt bietet der Bach nun ein anderes Bild und unterscheidet sich kaum noch von den vielen Rinnsalen in den Wiesengründen des Holzbach-Tales.

Den Wegezeichen folgen wir nach rechts bis zu einem Fahrweg, auf den

Schlossweiher in Dierdorf

wir rechts einbiegen. Am Waldrand entlang stoßen wir nun auf die Straße Elgert–Wienau, die wir überqueren, um geradeaus weiterzugehen. Nun kommen wir abermals zu einem Waldstück, in das wir links hineingehen. Am Ende des Waldweges wenden wir uns rechts und bewegen uns am Waldrand entlang bis zur Straße oberhalb des Heidehofes. Diese führt uns in südlicher Richtung wieder nach **Dierdorf** (6 Std.) Von der Schlossstraße biegen wir rechs ab und gelangen am Mausoleum vorbei über die Neuwieder Straße wieder zurück an den Schlossweiher.

Dierdorf

Der Schlossweiher in Dierdorf ist der Ursprung des Ortes, denn an dieser Stelle legten 1324 die Herren von Isenburg-Braunsberg eine Wasserburg zur Sicherung ihrer hiesigen Grundherrschaft an. Ihre Erben, die Grafen von Wied-Runkel, wandelten 1701-25 die Anlage zu einem Residenzschloss um. Die Anwohner profitierten davon so sehr, dass Dierdorf bereits 1357 Stadtrechte erhielt. Als Wied-Runkel 1824 mit Wied-Neuwied vereinigt wurde verloren Stadt und Schloss ihre einstige Bedeutung. Aus den Steinen des 1902 abgerissenen Schlosses baute man 1904 die evangelische Pfarrkirche.

Das neugotische Mausoleum (1816) gegenüber dem Schlossweiher ist eine der ersten Schöpfungen des so genannten altdeutschen Stils im Rheinland. Die Grabdenkmäler wurden von verschiedenen Orten hierher übertragen. Unter ihnen ragt das Wandgrab des Kölner Kurfürsten Salentin von Isenburg (gest. 1610) hervor. Er ist als kniende Freifigur verewigt.

Von der Stadtbefestigung stehen nur noch der runde Uhrturm mit anschließendem Mauerwerk und der eckige Mittelturm mit der wertvollen Uhr des Meisters Christian Kinzing aus dem Jahr 1772. Viele der ansehnlichen Bürgerhäuser (um 1800), die zum Teil noch zum gräflichen Hof gehörten, fielen dem 2. Weltkrieg zum Opfer.

Tour 8

Montabaurer Höhe

Vom Kannenbäckerland zum Köppel

Aus der Betriebsamkeit der bekanntesten Region des Westerwaldes, dem Kannenbäckerland, geht es zum waldreichsten Gebiet zwischen Lahn und Sieg, der Montabaurer Höhe, die einst Jagdrevier der Kurfürsten-Erzbischöfe von Trier gewesen ist.

DIE WANDERUNG IN KÜRZE

+ Anspruch

3.30 Std. Gehzeit

10 km Länge

Charakter: Angenehme Wanderung auf gut ausgebauten Forstwegen, fast ausschließlich durch Hochwald. Die höchsten Erhebungen erreicht man jeweils auf steilem, aber immer nur kurzem Anstieg.

Wanderkarte: TK 1 : 50 000 L 5512 Montabaur

Einkehrmöglichkeiten: Höhr-Grenzhausen, Köppel, Ransbach-Baumbach

Anfahrt: Mit dem Kfz: Über die A 48 bis Abfahrt Höhr-Grenzhausen, dann innerstädtisch zum Sportplatz von Höhr am südöstlichen Ortsende, Waldparkplatz Am Flürchen; **mit öffentlichen Verkehrsmitteln:** Werktags Bus ab Koblenz sowie Busverbindung zwischen Start- und Zielort

Mit 10 500 Einwohnern ist **Höhr-Grenzhausen** die größte Stadt des Westerwaldes. 1936 wurden die Ortschaften Höhr, Grenzhausen und Grenzau zu einem Ort zusammengelegt. Buchstäblich ›aus grauer Städte Mauern zieh'n wir durch Wald und Feld‹ und erleben so die wichtigste Industrieregion des Westerwaldes von ihrer angenehmsten Seite.

Ausgangspunkt unserer Wanderung ist der **Sportplatz** südöstlich am Ortsrand des Stadtteils **Höhr.** Wir folgen rechts dem Fahrweg und achten auf die Markierung weiße »IV« auf schwarzem Grund, die uns am Wasserbehälter vorbei bergan durch den Wald leitet. Nach ca. 1 km kreuzen wir den Erdweg, über den einst Ochsen- und Pferdekarren Ton aus den Gruben von Ransbach-Baumbach zur Verarbeitung nach Hillscheid gezogen haben. Wir setzen jedoch unseren Weg geradeaus

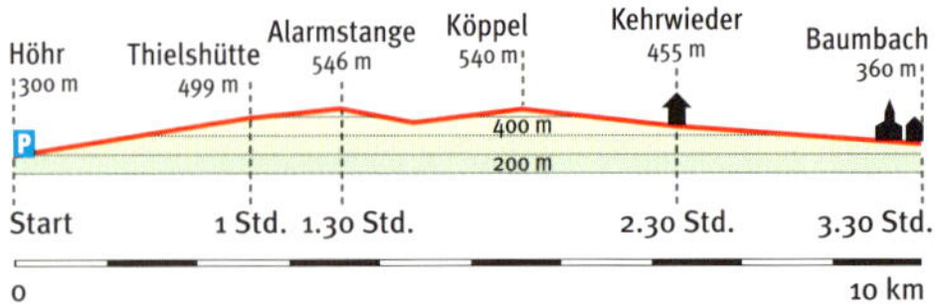

Im ebenen Vorfeld der Montabaurer Höhe bei Dernbach

weiter fort, bis wir nach ca. 400 m auf eine Weggabelung stoßen. Wir wählen den linken Weg und kommen nach kurzer Zeit zur **Thielshütte** (1 Std.), an der wir rechts vorbeigehen. Nach einem kurzen Stück biegen wir rechts ab zur **Alarmstange.** Den Gipfel haben wir nach weiteren 500 m erreicht (1.30 Std.). Wir sind hier auf der höchsten Erhebung weit und breit. Durch den Fernmeldeturm von 98,5 m Höhe ist sie weithin sichtbar. Den Namen jedoch erhielt sie durch einen Signalmast, der zu Napoleons Zeiten, im Jahr 1809, hier errichtet worden war. Heute steht noch eine Nachbildung des alten französischen Vermessungsturmes etwas unterhalb des von uns zurückgelegten Weges.

Wir kehren wieder zur Hauptstrecke mit der Markierung »IV« zurück und folgen ihr für knapp 2 km, bis wir zum **Köppel** (2 Std.) gelangen, der mit 540 m die zweithöchste Erhebung im Bereich der

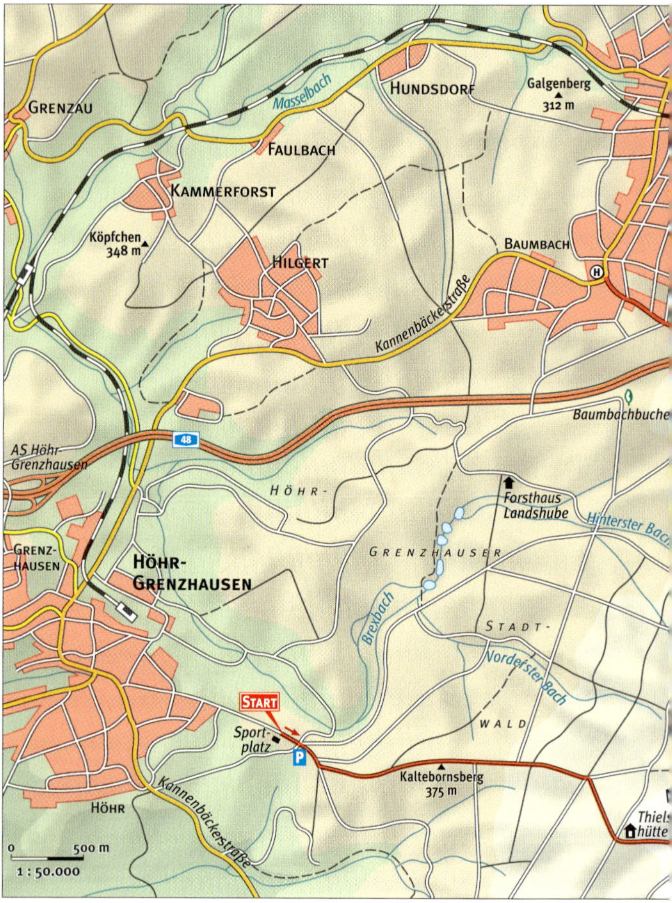

Montabaurer Höhe ist. Der Aussichtsturm (38 m) ermöglicht eine lohnende Fernsicht nach allen Seiten. Bei klarem Wetter schweift der Blick im Nordwesten bis zur Hohen Acht in der Eifel, zum Rhein bei Andernach und zum Siebengebirge. Nach Südosten blickt man bis zum Großen Feldberg im Taunus. Den südwestlichen Horizont begrenzen die Hunsrückhöhen. Der Rundblick von hier oben offenbart vor allem die Ausdehnung des Waldgebietes, das vom Dierdorfer Forst bis zu den Talflanken der Lahn reicht.

Zwei Umstände haben diese Geschlossenheit bewahren helfen. Zum einen ist der Untergrund aus Quarzitgestein zu ungünstig für eine ertragreiche Landwirtschaft. Zum anderen befanden sich ausgedehnte Reviere im Besitz der Kurfürsten-Erzbischöfe von Trier, die von ihrem Jagdschloss Montabaur aus regelmäßig hierher zu Hatz und Pirsch zogen. Auch heute noch kann man mit einigem Glück

freilebenden Hirschen, Mufflons, Rehen und vielleicht auch Wildschweinen begegnen.

Ohne die bisherige Wegmarkierung weiter zu beachten, wenden wir uns nun nordostwärts und folgen dem Fahrweg, der uns schnurstracks in Richtung Ransbach-Baumbach führt. Nach ca. einem halben Kilometer kommen wir zur **Schutzhütte »Kehrwieder«** (2.30 Std.), um die wir rechts herumgehen. Nach weiteren 500 m erreichen wir den **Parkplatz** an der Landstraße, die von Dernbach und Elgendorf nach Ransbach-Baumbach führt. Hier gehen wir links und folgen der Straße über die Autobahn hinweg bis an den Ortsrand von **Baumbach** (3.30 Std.), dem südlicheren Teilort von Ransbach-Baumbach, eines der Zentren des Kannenbäckerlandes.

Ransbach-Baumbach

Dank ausgedehnter Tonvorkommen steht hier seit Jahrhunderten das Töpfergewerbe in hoher Blüte. Mehrere handwerkliche Töpfereien und zwei private Museen lohnen einen Besuch: Der Schlondes, Letschert in der Bergstraße 20 und Zöller, Eulerhof, Töpferstraße 1. Außerdem findet am ersten Wochenende im Oktober ein überregionaler Töpfermarkt statt.

Aus alter Zeit stammt noch die evangelische Kirche, deren Architektur von Romanik und Barock gemeinsam geprägt ist. Die moderne katholische Kirche besitzt interessante Ausstattungsstücke, darunter einen prächtigen Hochaltaraufsatz (18. Jhd.) aus Dierdorf, der jetzt einen Beichtstuhl verkleidet.

Nicht nur im Westerwald ist die Fohr Brauerei bekannt, die nach Voranmeldung auch Besichtigungen ermöglicht.

Wer sich für die geologischen Hintergründe interessiert, dem sei der Geo-Park mit Erdzeituhr im Industriegebiet Struth empfohlen.

Am östlichen Rand des Stadtteils Ransbach bietet das Naherholungsgebiet um den Erlenhofsee eine Ruhezone inmitten der modernen und betriebsamen Stadt dar. Die Erlenhofstraße führt von der Hauptstraße direkt zum Ziel.

Tour 9

Im Kannenbäckerland

Von Siershahn zum Malberg

In der alten Kulturlandschaft des Kannenbäckerlandes gibt es nicht nur tiefe Tongruben, sondern auch herausragende Höhen. Unsere Rundwanderung bei Siershahn erkundet die gesamte Vielfalt des Landstrichs rechts und links des Aubachs.

DIE WANDERUNG IN KÜRZE

\+ Anspruch

3.30 Std. Gehzeit

15 km Länge

Charakter: Einfache Rundwanderung auf bequemen Wanderwegen und ruhigen Fahrstraßen. Nur beim Aufstieg auf den Malberg ist ein größerer Höhenunterschied zu überwinden.

Wanderkarte: TK 1 : 25 000 Naturpark Nassau Blatt 2

Einkehrmöglichkeiten: Siershahn, Leuterod

Anfahrt: Mit dem Kfz: Von Norden oder Süden über die Autobahn A 3 bis Abfahrt Ransbach-Baumbach und über Mogendorf zum Ausgangspunkt Siershahn; **mit öffentlichen Verkehrsmitteln:** RVM-Bus

Bergwerksbesichtigung: In Siershahn kann man im Besucherbergwerk »Gute Hoffnung« Einblick in den teilweise im Untertagebetrieb durchgeführten Tonabbau gewinnen (Anmeldung 0 26 23 / 95 13 63).

Als Ausgangspunkt wählen wir die **Kirche** im Ortszentrum von **Siershahn.** Der früher eher etwas abgelegene Ort geriet unversehens in den Mittelpunkt, als hier aus Richtung Altenkirchen, Limburg und Neuwied/Engers drei Schienenstrecken der 1884 eröffneten (und heute schon fast wieder verödeten) Westerwaldbahn zusammengeführt wurden.

Wir wenden uns nach rechts, gehen über die Westerwaldstraße durch die neuen Wohnquartiere und steuern den Waldrand am östlichen Ortsende an. Hier erreichen wir einen Hauptwanderweg des Westerwaldvereins mit der Markierung weißes »+« bzw. weiße »4«, der in diesem Abschnitt gleichzeitig Bestandteil des Europäischen Fern-

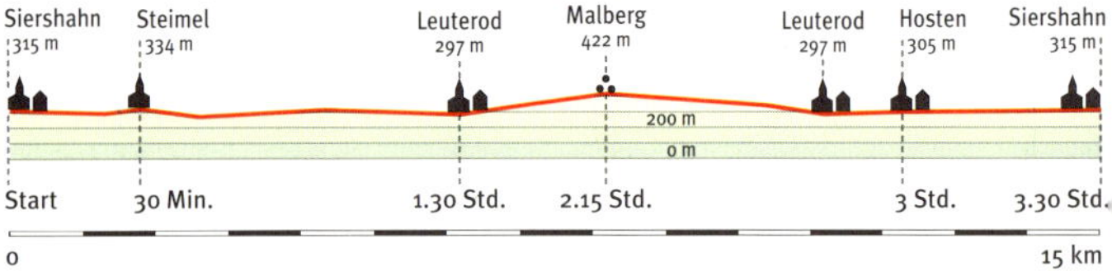

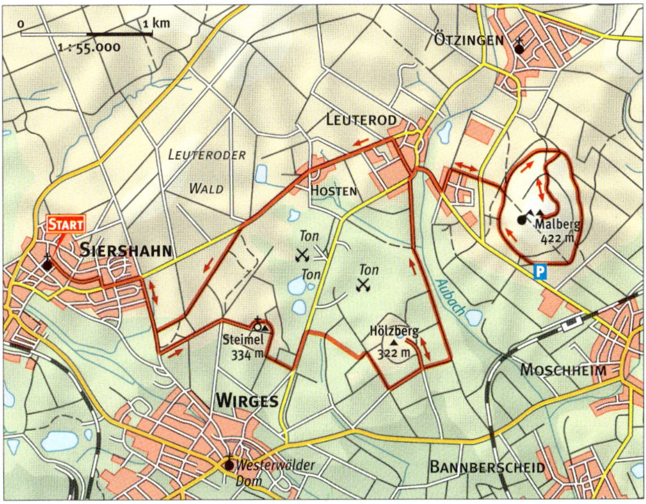

wanderwegs Nordsee–Bodensee–Mittelmeer (Markierung: weißes Andreaskreuz) ist. Wir folgen diesem Weg nach rechts bis zum Waldrand oberhalb von Hallenbad und Tennisanlage und biegen hier nach links zum knapp 1 km entfernten, rundkuppigen Steimel (334 m) ab.

Links begleitet uns Mischwald mit reichlich Fichte, rechts geht der Blick über die weite Senke bei Wirges mit dem blickfangenden ›Westerwälder Dom‹, einer neugotischen Kirche von 1885. Im Hintergrund erkennen wir den markanten und dicht bewaldeten Quarzitzug der Montabaurer Höhe mit dem Aussichtsturm auf dem 540 m hohen Köppel und davor das heute dichte Siedlungsband der alten Kannenbäckerorte von Dernbach bis Siershahn. Die freie Flur zu Füßen des Steimel hat dagegen etwas Bukolisches – überall grasendes, rotbuntes Rindvieh auf Streuobst – und Baumwiesen, am Wege alte Ahornbäume, deren dichter Flechtenbewuchs zeigt, wie gut die Westerwälder Luft hier ist.

Der Anstieg auf den **Steimel** führt in sanfter Steigung bergan. Auf dem Gipfel (30 Min.) breitet sich ein lichtes, ebenes Plateau aus, das mit einer barocken Wallfahrtskapelle und im Viereck aufgestellten Kreuzwegstationen überrascht. Hoher Baumwuchs hindert uns leider an einer genussvollen Rundsicht.

Hinter der Kapelle führt der markierte Weg wieder hangabwärts, und der Blick kann endlich wieder etwas freier in die offene Landschaft schweifen. Bald tritt jenseits des flachen Spülmuldentals des Aubachs der markante Malberg in den Blick: Der Malberg ist ein Vulkanberg von knapp 25 Mio. Jahren Alter. Sein hartes Gestein wurde lange Zeit ›Phonolith‹ oder ›Klingstein‹ genannt, weil es beim Anschlagen mit dem Hammer einen charakteristisch hellen Klang gibt. Nach neuen Befunden besteht der Malberg jedoch aus einem sehr alkalireichen Material, das schon fast als Trachyt zu bezeichnen ist. An seiner Südflanke hat man einige kleinere Steinbrüche auf-

Ein Berg wie aus dem Bilderbuch: Der längst erloschene Vulkan Malberg

gefahren, weil das Vulkangestein ein gesuchter Rohstoff für die Glasindustrie ist, doch wollte man das überaus markante Wahrzeichen der gesamten Region nicht unnötig dem zerstörerischen Abbau opfern, zumal er auch – wie der Name erkennen lässt – in fränkischer Zeit Versammlungsplatz und Kultstätte war.

Nach kurzem Wegstück erreichen wir die Verbindungsstraße Wirges–Leuterod (K 142), der wir für etwa 250 m nach links folgen – sie quert ein weitflächiges **Tonabbaufeld.** Nach ca. 150 m biegen wir nach rechts ab und treten in ein Waldstück hinein. Nach weiteren 250 m stehen wir an einer Einmündung, die uns nach links zur flachen, die umgebende Flur nur etwa 30 m überragenden Kuppe des **Hölzbergs** (Hülsberg) (1 Std.) führt. Wir gehen jedoch sofort wieder rechts, nach ca. 100 m biegen wir links ab und gehen nach weiteren 100 m links zu einem Aufschluss. Auch die Erhebung des Steimels ist ein vulkanisches Zeugnis des tertiärzeitlichen Westerwälder Vulkanismus. Von der Südostflanke her hat man den Berg durch Steinbruchbetrieb nahezu ausgehöhlt. Der verbliebene Aufschluss ist sehenswert: Der

hellgraue Trachyt, den man hier gewonnen hat, ist in mächtige, senkrecht stehende Pfeiler gegliedert. Das Ausbruchsalter dieses Vulkanberges wurde radiometrisch auf rund 22 Millionen Jahre datiert. Die ehemalige Abbausohle ist heute mit einem stillen See gefüllt, der sich zu einem interessanten Feuchtlebensraum entwickelt hat. Der Hölzberg ist deswegen als Naturschutzgebiet ausgewiesen.

Wir verlassen den Aufschluss, gehen zurück zur Abbiegung, wenden uns jetzt links und verlassen damit die Wegemarkierung (X, 4), die nun nach Süden in Richtung Staudt weist. Nach gut 200 m stehen wir am Waldrand und folgen ihm links abbiegend für etwa 1,5 km entlang des Aubachgrunds bis zum südlichen Ortsende von **Leuterod** (1.30 Std.) – rechterhand ist nun die sehr ebenmäßig aufragende, bewaldete Kuppe des 422 m hohen Malbergs zum Greifen nahe.

Am Ortseingang von Leuterod biegen wir rechts in die Fahrstraße nach Moschheim ein, gehen bei der ersten Gelegenheit links und bei der zweiten Straße wieder rechts. Nach Überqueren der Verbindungsstraße Moschheim-Ötzingen führt uns dieser Weg schnurgerade auf den Rundweg oberhalb des Hangfußes zu, auf den wir nach links abbiegen. Nach ca. 250 m zweigt nach rechts der Weg ab, der uns auf den Gipfel des **Malberges** (2.15 Std.) führt.

Der Aufstieg ist jedoch nicht wegen der Aussicht lohnend, denn der hohe Baumbestand behindert auch im Gipfelbereich einen umfassenden Rundblick, sondern eher zur archäologischen Spurensuche im Bereich einer eisenzeitlichen Wallanlage. Sein blockübersäter Gipfelbereich trägt nämlich die Reste einer ausgedehnten, eisenzeitlichen Fliehburg: Während der sehr steile Südhang des Berges auf natürliche Weise Schutz vor etwaigen Angreifern bot, wurden die flacher abfallende westliche und östliche Flanke mit je einem halbkreisförmig verlaufenden Steinwall gesichert. Grabungen haben Siedlungsspuren aus der Spät-La-Tènezeit erbracht. Heute ist der Malberg Naturschutzgebiet, unter anderem auch wegen der bemerkenswerten Farnvorkommen in seinen Blockhalden.

Wir kehren auf dem gleichen Weg zum Hangfuß zurück, biegen dort auf den Rundweg rechts ein und umrunden den landschaftsbeherrschenden Vulkanberg durch Blockschuttwald bis zu der Stelle, an der wir auf dem Hinweg unseren Rundweg begonnen haben. Wir gehen hier links, auf dem Weg, den wir schon kennen, den Berg hinunter nach **Leuterod.** Im Ort halten wir uns rechts. Nach ca. 150 m treffen wir auf die Fahrstraße nach Siershahn und gehen hier nach links in Richtung Hosten. Zuvor beachten wir noch im Nordosten die hinter Ötzingen aufsteigenden, aber im Gegensatz zum Malberg weniger landschaftsbeherrschenden Trachytkuppen des Breitberges (430 m, Naturschutzgebiet) und der Oberahrer Berge (470 m). Sie sind Bestandteil eines Vulkanfeldes mit zahlreichen Ausbruchspunkten im weiten Umkreis von Selters.

In **Hosten** angekommen(3 Std.), können wir in der links abzweigenden Backesstraße eine sehenswerte strohgedeckte Fachwerkhausgruppe bewundern. Wir kehren die wenigen Schritte zur Fahrstraße zurück und folgen ihr durch ein Tonabbaufeld mit mehreren Tagebauen rechts und links der Straße. Hier bietet sich eine hervorragende Gelegenheit, Lagerung und Schichtmächtigkeit des ›Weißen Goldes‹ zu beobachten, des wichtigsten Rohstoffes in der Wirtschaftsregion Kannenbäckerland.

Geologisch gesehen ist Ton ein besonderes Lockergestein, das seine Entstehung der Verwitterung, Abtragung und Einschwemmung in ehemalige Seebecken verdankt. Ausgangsmaterial waren die überall im Gebiet anstehenden unterdevonischen Schichtgesteine, vor allem die sehr harten Emsquarzite der nahen Montabaurer Höhe. Jahrmillionenlang zermürbten schroffe Temperaturwechsel und erbarmungslose Sonneneinstrahlung bei tropischem Klima während des Erdmittelalters das Gestein. Die im Gebiet natürlich vorkommende Kohlensäure leitete die chemische Verwitterung ein.

Eines der häufigsten in den Sand- und Siltsteinen des Westerwaldes vorhandenen Minerale ist der Feldspat. Unter Säureeinwirkung und Wasseraufnahme wandelte er sich in hellen Kaolinit um – ein heute besonders gesuchtes Rohmaterial für feine Keramik.

Wir gehen noch etwa 200 m auf der Fahrstraße weiter und biegen nach dem Eintritt in den hochwüchsigen Mischwald gleich links in einen recht geradlinig verlaufenden, breiten und sanft abbfallenden Weg ein, dem wir bis nach Siershahn folgen. In der Strauchschicht dieses Waldes ist der rotfrüchtige Berg-Holunder besonders reichlich vertreten. Hier und da kommen auch Roter Hartriegel und Pfaffenhütchen vor. Im Spätsommer blühen entlang des Weges Springkraut-Arten, dazu auch Wasserhanf und Fuchs-Kreuzkraut. Hier und da fallen in diesem Waldstück kleine und jetzt wieder überwachsene Vertiefungen auf. Es sind die Reste früheren Tonabbaus, der noch nicht die Ausmaße heutiger Abbauflächen erreicht hatte.

Wenn wir aus dem geschlossenen Waldstück herauskommen, können wir wieder die weite Muldenlandschaft des Kannenbäckerlandes überblicken. Kaum vorstellbar, dass sich hier zwei Dutzend Jahrmillionen vor unserer geschichtlichen Zeit unter tropischem Klima eine weitläufige Seenlandschaft ausdehnte, in deren einzelnen Becken sich die heute überwiegend im Tagebaubetrieb gewonnenen Tonlagerstätten bildeten. Nach etwa 1 km sind wir zurück in **Siershahn** (3.30 Std.).

Auf Pilgerpfaden

Von Montabaur zum Bornkasten

Der Oberlauf des Gelbaches gehört zu den landschaftlich schönsten, aber auch kulturgeschichtlich interessanten Tälern des Westerwaldes. Zeugnisse für Fleiß und Beschaulichkeit, Aberglaube und Frömmigkeit zeichnen eine abwechslungsreiche Landschaft aus.

DIE WANDERUNG IN KÜRZE

++ Anspruch

4.30 Std. Gehzeit

18 km Länge

Charakter: Die Wege sind nicht überall gut ausgebaut, sie verengen sich gelegentlich zum schmalen Graspfad oder führen über klippenreiche Abschnitte, die bei Feuchtigkeit rutschig sind. Der Anstieg zum Stationenberg ist kurz, aber extrem steil.

Wanderkarte: TK Naturpark Nassau 1:50 000

Einkehrmöglichkeiten: Montabaur, Wirzenborn, Studentenmühle, Nomborn

Anfahrt: Mit dem Kfz: Über die A 3 bis Montabaur; **mit öffentlichen Verkehrsmitteln:** Montabaur liegt an der Bahnstrecke Limburg–Siershahn; es gibt eine regelmäßige Busverbindung ab Koblenz.

Das trutzige Schloss über und inmitten von **Montabaur** ist schon von weitem zu sehen und hat sehr zum Bekanntheitsgrad der alten Stadt beigetragen. Die viertürmige Silhouette der gotischen Pfarrkirche bildet einen städtebaulichen Gegenpol zur Bergfeste.

Wir treffen uns auf dem **Kirchplatz** am Eingang zur Fußgängerzone der Altstadt. Am Alten Gymnasium, das heute das Finanzamt beherbergt, biegt die Gelbachstraße ostwärts ab und führt uns aus dem Wohngebiet heraus unvermittelt ins Gelbachtal. Geradeaus weitergehend überqueren wir die Talstraße und auf einem Holzsteg den Bach. Der Weg läuft parallel zum Gelbach auf den Wald zu.

Wir lassen den Wegweiser zur Jugendherberge unbeachtet und wandern geradeaus an der ehemaligen **Stendebachsmühle** vorbei durch Gehölz, das bald auf eine Waldwiese mündet. Statt nun den Wegemarkierungen weiter talabwärts zu folgen, erklimmen wir den vielleicht für manchen schweißtreibenden, aber kurzen Steilhang hinauf und folgen oben dem grasbewachsenen Pfad.

Unser Weg wird seit dem Anstieg von insgesamt **15 Bildnissäulen** mit den ›Sieben Leiden und Freuden‹ Mariens begleitet. Am Scheitelpunkt befindet sich ein Relief mit der Muttergottes. Der Pilgerpfad führt uns bis zur **Wallfahrtskirche in Wirzenborn** (30 Min.). Die auf einem Felsen über dem Gelbach gelegene Kapelle (1510) betritt man durch eine offene Halle mit geschweiftem Giebel. Neben dem schmiedeeisernen Leuchter und der Madonna auf dem Hochaltar (beide 17. Jh.) ist vor allem das Gnadenbild (um 1440) hervorzuheben.

Wir lassen diesen stillen Ort und die schmucken Fachwerkhäuser des Dorfes zurück und folgen weit oberhalb des Baches dem Waldweg mit der Markierung »4b« bis zum Zusammenfluss von Ahr- und Holbach, die anschließend in den Gelbach münden. Beide Bäche eilen in zwei Waldtälchen herbei. Wir benutzen den **Steg über den Ahrbach** und folgen dem Weg entlang des Holbaches rechts von uns.

Nach einer weiteren halben Stunde gelangen wir zur **Bildches Eiche.** Hier gehen Volksfrömmigkeit und heidnische Baumkulte eine Verbindung ein: Entstanden ist die Andachtsstätte wegen eines Marienbildnisses, das in einem hohlen Baum aufgehängt war. Wir überqueren hier den **Holbach** und steigen gegenüber den Waldhang hoch bis zu einem querverlaufenden Wanderweg, wir wenden uns links, also bachaufwärts, und haben nun wiederholt die Wahl zwischen mehreren Aufstiegspfaden zum Arboretum und zum Waldlehrpfad Dickheck, die auf dem Höhenrücken rechts vor uns angelegt sind. Ein Aufenthalt ist nicht nur lehrreich, sondern erleichtert die Orientierung für die Fortsetzung der Wanderung. Zurück auf unserem Hauptweg laufen wir weiter bachaufwärts bis zur Straße B 49, folgen ihr nach rechts bis zum Wald-

rand. Hier biegen wir rechts ab und folgen dem Wald entlang, ins Tal hinab der Zufahrt zur Kautenmühle. Die benachbarten Ausflugslokale Studentenmühle und Freimühle laden zur Einkehr.

Von den ehemaligen Mühlen an nehmen wir zunächst den Fahrweg in Richtung Nomborn, verlassen ihn aber an der Straßengabelung, wo sich die Zufahrten zur Kautenmühle und den beiden anderen Mühlen trennen. Jenseits des Bächleins ge-

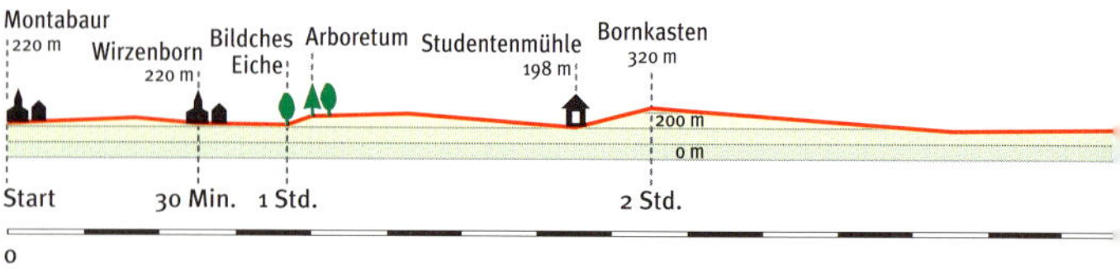

hen wir am Waldrand entlang bergauf und biegen oben am Waldrand links auf den Feldweg ein. Die Markierung »N 3« führt uns schließlich zum **Bornkasten** (2 Std.; 320 m). Von dort genießen wir eine großartige Aussicht nach Norden. Den Gipfel der Anhöhe umzieht eine frühgeschichtliche Ringwallanlage. Eine Kapelle ist der hl. Anna geweiht.

Wir steigen wieder hinab und wählen nun den abwechslungsreichen Wanderweg »IV« durch das Eisenbachtal. Die Bauarbeiten für die ICE-Trasse Köln-Frankfurt mindern zwar anfangs die Idylle der Landschaft, sollten aber nicht zum Abbruch der Wanderung verleiten. Der im Vergleich zu den Nachbartälchen breitere Wiesengrund, den beiderseits üppiger Laub- und Mischwald säumt, bietet ein für den Westerwald typisches Landschaftsbild.

Nach ca. 2,5 km überqueren wir den **Eisenbach** und folgen nun dem Gelbach aufwärts immer rechts am Ufer entlang bis **Wirzenborn.** Hier kommen wir an der Stelle an, bei der auf dem Hinweg der steile Pilgerpfad endete, jetzt folgen wir dem bequemeren Weg, der gleich nach der Kapelle im Wald links abzweigt (»IV«). Bald nach dem Abstieg ins Tal öffnet sich unvermittelt rechts eine Höhle.

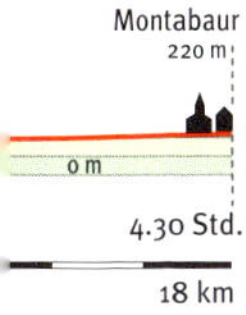

Sie berichtet von der vergeblichen Suche nach Silber- und Bleierzen.

Nach einem knappen Kilometer gelangen wir zu dem Weg, den wir am Anfang unserer Wanderung bereits genommen haben, hier gehen wir nun in umgekehrter Richtung an der **Stendebachsmühle** vorbei nach **Montabaur** zurück (4.30 Std.).

Montabaur

Montabaur entstand an der alten Fernstraße von Mosel und Rhein zur Lahn und weiter nach Thüringen unterhalb der Feste Humbach, die zur deren Sicherung angelegt war. Der Trierer Erzbischof Dietrich II. von Wied, baute Humbach zur Burg aus, die er wohl aufgrund von Kreuzzugserinnerungen *muntebur* (von *Mons Tabor*, 1227) nannte.

Die Burg wurde später zu einem burgartigen Schloss nach barocker Art umgestaltet (1686–99) und diente vorrangig dem Jagdvergnügen der Landesherren. Die Anlage ist jetzt im Besitz der Deutschen Genossenschaftskasse und kann bis auf den Vorgarten (Aussicht!) nicht besichtigt werden.

Als optischer Gegenpol überragen die Doppeltürme der Pfarrkirche die Altstadt. In vielen Bauphasen entstand der heutige spätgotische Baukörper, der in der Querhauslösung an die Kirche von Altstadt (s. Wanderung 24) und mit seinen Emporen an Dausenau und Bad Ems erinnert.

Südlich davon schmiegt sich ein in dieser Art einmaliges Ensemble aus zwei Fachwerkhäusern mit eingemauerter gotischer Kapelle an Reste der Stadtmauer (nach 1291) an. Deren Verlauf lässt sich am Steilhang zum Gelbach, entlang der Elisabethen (›Juden‹-)straße, neben der Kolpingstraße und am Schloss verfolgen. Unübersehbar ist der noch erhaltene Eckturm auf der Alberthöhe.

Kirchstraße, Rebstock, Großer und Kleiner Markt haben viel von der alten Bebauung bewahrt. Die Vielfalt der Giebellösungen ist nach den Kriegszerstörungen einmalig am Mittelrhein.

Von den barocken Bauten seien noch erwähnt die Kreuzkapelle beim Kreishaus, die ›alte Schule‹ (1713) gegenüber der Kirche und der ehemalige Marstall (1768) am Bahnhof. Für diesen hat Johann Seitz die Pläne angefertigt, der neben Hofbaumeister Johann Christoph Sebastiani für den Um- und Ausbau des Schlosses verantwortlich war.

Schloss Montabaur

»Ei, ei, so vorbei«

Durch den Stelzenbachforst

Fast alpin wirkt der untere Teil des Gelbachtales, bis es in die milderen Breiten der Lahn mündet. Hier treten plötzlich die schroffen Felsen zurück. An den Hängen gibt es genügend Platz und Sonnenlicht für die einzigen Weinberge des Westerwaldes.

DIE WANDERUNG IN KÜRZE

++ Anspruch

6 Std. Gehzeit

22 km Länge

Charakter: Auf- und Abstieg im Gelbachtal sind auf den durchweg steilen Wegen durchaus anstrengend. Die Forstwege auf der Höhe sind dagegen ausgezeichnet. Aufgrund der Länge ist eine gewisse Ausdauer erforderlich.

Wanderkarte: TK 1 : 50 000 »Naturpark Nassau«

Einkehrmöglichkeiten: Winden, Welschneudorf, Horbach, Gackenbach, Dies, Weinähr, Obernhof

Anfahrt: **Mit dem Kfz:** Ab Limburg über die B 417 bzw. ab Koblenz über die B 260 bzw. B 417 bis Obernhof, ab hier ca. 1 km bis Weinähr; **mit öffentlichen Verkehrsmitteln:** Bahnlinie Koblenz–Limburg bis Bhf. Obernhof, an Werktagen weiter mit dem Bus oder ca. 1 km zu Fuß nach Weinähr

Weinähr ist der einzige Winzerort im Westerwald. Einst haben sich hier Weinbauern von der Mosel angesiedelt und ihr Handwerk eingeführt. Wie in den Moseldörfern scheint auch hier die am Hang gelegene Kirche, die 1428 und 1738 umgestaltet wurde, über den Ort zu wachen. Gemütlich wirken die Vorlauben bei einigen der alten Fachwerkhäuser. Schmuckstück ist das für die Gegend einmalige spätgotische Rathaus mit seiner Fachwerkfront samt spitzbogiger Pforte aus dem 16. Jh. Hier ist auch der Ausgangspunkt unserer Wanderung.

Gegenüber dem **Rathaus** in Weinähr zieht steil und kurvig die Straße nach Winden, ihr folgen wir bis zur Kirche und biegen hier nach links ab. Im Hang oberhalb des Sülzbaches gehen wir in den Wald und am Wasserbehälter, dann am Kapellchen vorbei, bis sich unser Fahrweg nach Norden wendet. Über eine weite Lichtung gelangen wir erneut in den Wald. Die rechts abführenden Wege bleiben unbeachtet. Stattdessen gehen wir nordwärts durch die bewaldeten Hänge des Sülzbachtales aufwärts bis zum Waldrand. Im Freien tauchen jetzt halbrechts vor uns die Häuser von **Winden** (1.30 Std.) auf.

Wir gehen bachaufwärts ins Dorf und statten in der Ortsmitte der Kirche aus dem 18. Jh. mit ihrer hübschen Barockeinrichtung einen Besuch ab. Von hier folgen wir der Straße nach Untershausen (K4, K166) in den Lohwald. Nach knapp 750 m entdecken wir bei der Kreuzung das Wegezeichen weißes »X« auf schwarzem Grund, das uns links ab in den Wald führt und bis zur K 173 kurz vor Welschneudorf für uns verbindlich bleibt. Wir bewegen uns nun im wesentlichen für 3 km auf recht bequem befestigtem Weg durch ausgedehnte Waldungen. Etwa auf halber Strecke entdecken wir bei einer Wegkreuzung eine **Eiche,** in deren Stamm ein Kruzifix eingewachsen ist. Kurz vor Erreichen des Ortes Welschneudorf biegt unser Weg nach rechts ab. Es ist der letzte Weg, der rechts abzweigt, bevor der Wald aufhört. Hier bemerken wir zur Linken einen Erdwall im Gehölz. Es handelt sich nicht, wie man vielleicht annehmen möchte, um den römischen Grenzwall (Limes), sondern um eine Erdbefestigung (›Landgraben‹), die in kurfürstlicher Zeit Jagdzwecken diente. Wir folgen dem Weg jedoch nicht weiter bis Welschneudorf, sondern verlassen nun den Europäischen Fernwanderweg und halten uns rechts am Waldrand. Wir folgen dem Weg »W3« entlang des Stelzenbaches bis nach ›Texas‹, wie die Leute hier vereinfacht Gaststätte und **Forellenhof** (3 Std.) nennen.

Kurz vor dem Gehölz, hinter dem die Anlage mit den Fischteichen liegt, wenden wir uns scharf rechts und steigen südostwärts den Waldhang hinauf, überqueren eine Nebenstraße und stoßen genau auf dem Kamm des Bergzuges auf die Straße nach Untershausen. Wir gehen hier wenige Schritte nach links und nehmen dann direkt wieder rechts den Fahrweg in Richtung Gackenbach. Diesem Weg folgen wir durch den Wald bis wir zur Straße Welschneudorf–Horbach/Gackenbach kommen, die wir überqueren. Wir folgen weiter unseren Weg, Horbach lassen wir links liegen und gehen weiter nach **Gackenbach** (4 Std.).

Der Ortskern liegt in einer Mulde und besitzt manch schönes Fachwerkhaus. Jenseits erstreckt sich auf einer Anhöhe der Ortsteil Wasem mit Neubauten. Wir gehen südlich aus dem Ort heraus in Richtung **›Wild- und Freizeitpark Westerwald‹,** der sich an den Hängen des Gelbachtals erstreckt. Im Gehege leben einheimisches Jagdwild und fast ausgestorbene Großsäuger.

Vom Wildpark aus folgen wir weiter dem Weg »G4« links bergab nach **Dies** (4.30 Std.). Vom Tannenhof ruft uns eine Inschrift nach: »Ei, ei, so vorbei«. Etwas kleiner steht dort die witzigere küchenlateinische Version: *»Ovum, ovum, sic ante apud«;* wer will kann sich ja mal an die Lösung wagen! Jedenfalls wollen wir gerne der versteckten Aufforderung Folge leisten.

Wir steuern nun Weinähr auf einer geradezu alpin anmutenden Strecke an. Der Wanderweg mit der Markierung weiße »4« auf schwarzem Grund führt uns jedoch recht angenehm durch die Hänge über dem

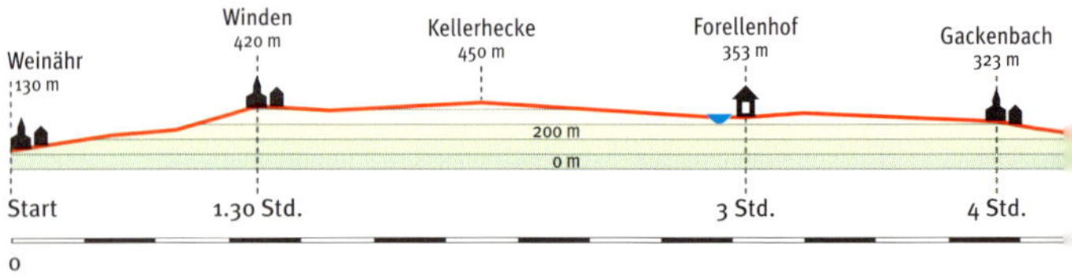

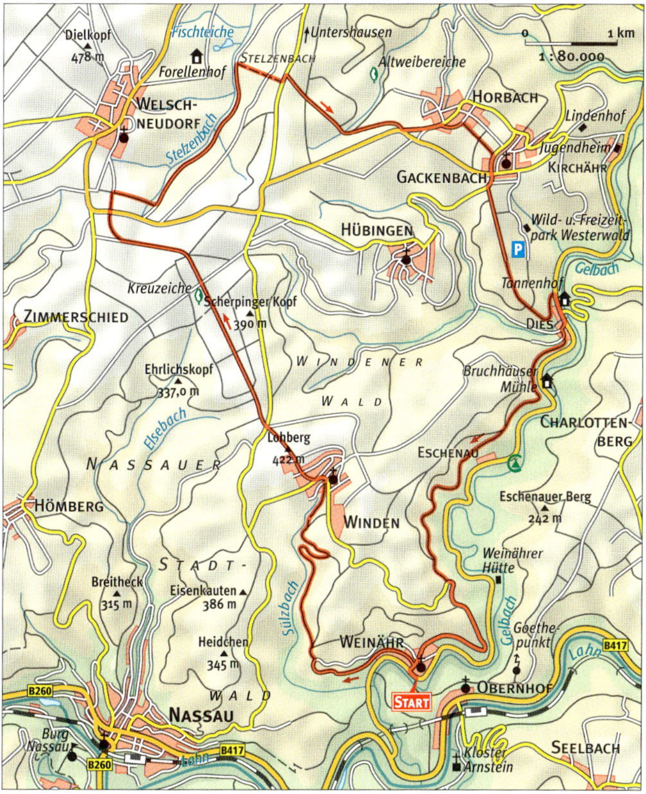

weiter unten gelegentlich schluchtartig verengten Talgrund. Der windungsreiche Bachlauf des Gelbaches und die grünen Waldhänge wirken fast wie ineinander verschobene Kulissen. Am **Eschenauer Hof** (am Bach-Campingplatz) haben wir etwa die Hälfte der Strecke bewältigt.

Weiter unterhalb erinnern jenseits des Baches überwucherte Halden an Zeiten, als hier noch der Bergbau auf Blei- und Silbererz umging. Sammler von Klein-Mineralien, den so genannten ›micro mounts‹, sollen an der Weinährer Hütte auch jüngst noch erfolgreich gesucht haben. Darüber mag man nach der Ankunft in **Weinähr** (6 Std.) bei einem Glas »Weinährer« noch diskutieren.

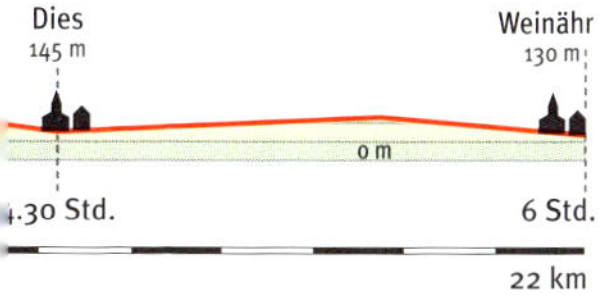

An der Lahnmündung

Zum Mehrsberg und durch die Ruppertsklamm

Das Lahntal gehört nicht zum Westerwald, sondern bildet eine eigene Landschaft. Von der Flussmündung aus lässt sich der Übergang zwischen beiden Naturräumen gut nachvollziehen, eine geradezu dramatische Inszenierung!

DIE WANDERUNG IN KÜRZE

++ Anspruch

3 Std. Gehzeit

9 km Länge

Charakter: In der Ruppertsklamm ist der Weg beschwerlich und bei Nässe besteht Rutschgefahr. Der Anstieg in Niederlahnstein ist etwas beschwerlich, ansonsten sind die Wege bequem.

Wanderkarte: TK »Naturpark Nassau« 1 : 50 000

Einkehrmöglichkeit: Niederlahnstein

Anfahrt: Mit dem Kfz: Linksrheinisch: Über die A 61, Abfahrt »Koblenz/Waldesch« und weiter die B 327 über die Südbrücke Koblenz, dann die B 260 nach Lahnstein; rechtsrheinisch: über die A 3 bis »Montabaur«, ab hier die B 49 bis Abfahrt »Horchheim«, dann die B 42 bis Niederlahnstein; **mit öffentlichen Verkehrsmitteln:** Bahnlinie Koblenz–Bad Ems bis Lahnstein, Busse über Lahnstein von Koblenz nach Braubach, Bad Ems und Nassau

Unterhalb der Straßenbrücke zwischen Nieder- und Oberlahnstein rechts der Lahn steht das **›Wirtshaus an der Lahn‹**, in dem einst Goethe Einkehr hielt. Von hier aus lässt sich unser Wanderweg bereits mit Blicken abschätzen, denn unser erstes Ziel, der Allerheiligenberg, ragt nordöstlich über den Häusern empor.

Zunächst gehen wir hinter dem ›Wirtshaus‹ durch die Lahnstraße weiter und biegen sofort links ab in die Weisser Gasse, die nach Überqueren der Emser Straße ihre Fortsetzung in der Holzgasse findet. Nach Überschreiten der Bahngleise gelangen wir in den Allerheiligenbergweg und bemerken die Zeichen für den nördlichen Lahnhöhenweg:

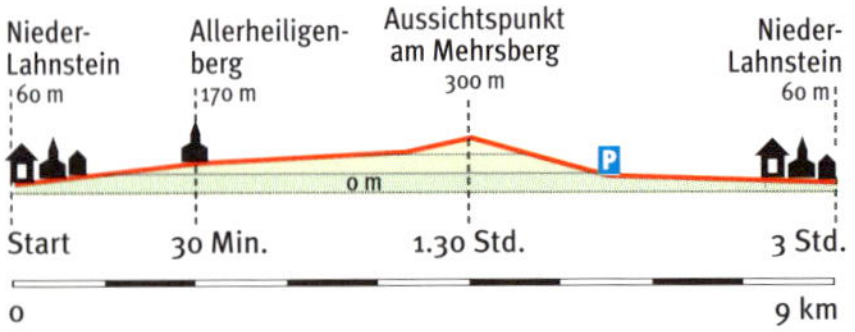

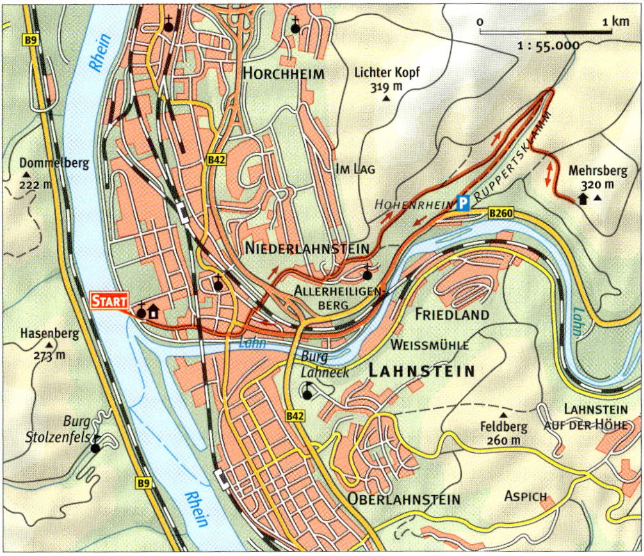

weißes »L« auf schwarzem Grund. Am Ortsrand verlassen wir die vorgegebene Strecke der Beschildederung entsprechend und machen einen kurzen Abstecher zur Wallfahrtsstätte am Allerheiligenberg. Entlang des Weges genießen wir eine großartige Aussicht. Da die Anhöhe einen typischen Umlaufberg darstellt, den der Fluss seit Ende der Eiszeit vor etwa 10 000 Jahren modelliert hat, wechselt unser Blickwinkel, aus dem heraus wir die Landschaft wahrnehmen, immer wieder.

Bei der Kapelle auf dem Gipfel des **Allerheiligenberges** (30 Min.) angelangt, kann man wohl nachempfinden, warum im 17. Jh. gerade hier ein Eremit seine Klause errichtet hat. Aus ihr gingen später Kloster und Kirche hervor, die heute noch von Ordensleuten betreut wird. Gegenüber hält Burg Lahneck seit dem Jahr 1240 Wacht über der Flussmündung – den Taunus im Rücken. Auf der anderen Rheinseite ragen die Zinnen von Schloss Stolzenfels empor, das im Stile der Rheinromantik mittelalterlichen Vorbildern nachempfunden ist.

Wir gehen ca. 200 m wieder zurück in Richtung Stadt, um auf den eigentlichen Wanderweg zurückzufinden, dann halten wir uns rechts und folgen dem Bugerweg aufwärts in den Wald. Die Route verläuft in nordöstlicher Richtung (Markierung »L«). Oberhalb von Hohenrhein, wo der Michelbach durch ein kleines Waldtälchen zur Lahn hinabfließt, eröffnet sich noch einmal das Panorama, wie wir es vom Allerheiligenberg her kennen. Nach 1,8 km biegt unser Weg bei einer Schutzhütte scharf nach rechts, in südliche Richtung, ab. Wir befinden uns hier bereits am **Eingang der Ruppertsklamm** (1 Std.), gehen jedoch noch einen halben Kilometer weiter bis zum **Mehrsberg** (1.30 Std.), von dem wir wieder eine andere, neue Aussicht ins Lahntal haben, die zahllo-

Kirche auf dem Allerheiligenberg bei Lahnstein

sen Flusswindungen eröffnen ständig neue Perspektiven! Links unten an der Lahn erkennen wir die ehemalige Grube Friedrichssegen, die heute als Industriemonument unter Denkmalschutz steht.

Den Weg, den wir gekommen sind, gehen wir wieder zurück bis zum Eingang der Klamm. Schutzhütte und Kiosk gestatten eine Atempause, ehe wir in die Klamm hinabsteigen. Zwischen steil aufrangenden Felswänden fließt der Bach zu Tal, bildet an Felspodesten Wasserfälle und empfängt durch Rinnsale aus Spalten und Schründen zusätzliches Wasser. Zur Erleichterung der Besucher hat man den Weg soweit wie nötig ausgebaut, ohne dass die Ursprünglichkeit der Natur beeinträchtigt worden ist. An schwierigen Stellen sind Stufen in den Fels gehauen, Bohlen stützen den Schritt über feucht-weichem Untergrund, Stege überqueren Fließwässer, Haltetaue bieten Sicherheit. Dennoch ist bei großer Nässe auf den glitschigen Platten und Stufen Vorsicht angebracht. Obwohl die Schlucht nur 1,2 km lang ist, überwindet sie einen Höhenunterscheid von immerhin 150 m. Gewässer haben hier über Jahrmillionen hinweg das Fundament des Westerwaldes aufgesägt. So können wir dessen Aufbau aus Tonschiefer und Sandstein handnah überprüfen. Mit gutem Grund also ist die Ruppertsklamm als Naturschutzgebiet ausgewiesen, was jeder Besucher respektieren sollte.

Der Bach fließt schließlich durch einen begehbaren Tunnel zur Lahn ab. Jenseits der B 260, am Wanderparkplatz am **Ausgang der Ruppertsklamm** (2.30 Std.), erblicken wir die Gebäude des Drahtwerkes Hohenrhein. Es erinnert an die traditionsreiche Industrie im Lahngebiet, deren natürliche Grundlagen ausgedehnte Mineral- und Erzvorkommen sind. Wir folgen nun der Landstraße B 260 lahnabwärts bis rechts die alte Emser Landstraße abzweigt. Bei der Eisenbahnbrücke biegen wir am bewaldeten Hang des Allerheiligenberges rechts ab in die Straße Zur Ruppertsklamm, die jenseits der Bahn entlang auf die Stadt zuläuft. Sie endet schließlich an der Holzgasse, die links zur Lahn und zu unserem Ausgangspunkt zurückführt (3 Std.).

Auf den Spuren der Römer

Von Arzbach durch die Augst

Die Römer schlugen hier einen Bogen. Als wärmeliebende Südländer legten sie ihren Grenzwall so an, dass die Emser Thermalquellen dem Imperium einverleibt waren. Und nicht nur sie, sondern auch ein besonders schöner Teil des unteren Westerwaldes.

DIE WANDERUNG IN KÜRZE

++ Anspruch

4 Std. Gehzeit

17 km Länge

Charakter: Auf- und Abstieg vom und ins Emsbachtal sind wegen der Höhenunterschiede anstrengend. Sonst ist die Strecke einfach.

Wanderkarte: TK »Naturpark Nassau«, 1:50 000

Einkehrmöglichkeiten: Bad Ems, Arzbach, Schöne Aussicht, Bierhaus

Anfahrt: Mit dem Kfz: Ab Koblenz über die B 260 bis Bad Ems, ab hier B 261 über Neuhäusel bis Arzbach; von Montabaur über die B 49 über Neuhäusel bis Arzbach; **mit öffentlichen Verkehrsmitteln:** Mit der Bahn bis zum Bhf. Bad Ems (Strecke Koblenz– Limburg), ab hier mit dem Bus Richtung Montabaur bis Arzbach

Ausgangspunkt ist **Arzbach,** 4 km von Bad Ems entfernt im Emsbachtal. An der Hauptstraße fällt das schmucke Fachwerk-Rathaus ins Auge. Von hier aus verlassen wir den Ort südwärts auf der Landstraße, die nach Bad Ems führt. Wir kommen am **Bierhaus** vorbei, wo die Straße nach Eitelborn durch das Kadenbachtal abzweigt, und folgen der Landstraße in Richtung Bad Ems noch etwa 500 m.

Hier steigt ein Fußweg etwa 700 m durch den Wald bergan zur **Sporkenburg** (30 Min.). Die im 13. Jh. errichtete Feste wurde 1635 von den Franzosen zerstört. Ihre Ruine stellt innerhalb des Westerwaldes eine Besonderheit dar, weil anstelle des sonst üblichen Bergfriedes eine mächtige Schildmauer die Hauptangriffsrichtung sichert.

Nach der Besichtigung kehren wir auf demselben Weg zur Landstraße zurück und folgen dieser noch etwa 300 m talwärts, bis beim **Forsthaus** ein Fahrweg (A 1) links abbiegt und bergan in den Wald führt. Oberhalb der Bergbauhalden beschreibt das Sträßchen eine Rechtskurve und entlässt zwei Feldwege. Wir wählen den, der scharf rechts weiterführt, und gehen geradeaus zum Waldrand hinauf. Den kurz danach rechts abzweigenden Weg ignorieren wir, denn er zieht wieder talwärts. Auch weiterhin lassen wir alle seitwärts zu den Nebentälchen und Seitenmulde führenden Wege und Pfade unbeachtet und streben konsequent bergan, bis wir bei der **Schutzhütte** auf den markierten Wanderweg »3« stoßen. Ihm folgen wir nach rechts, in westlicher und dann in südöstli-

Rekonstruierter Römerturm auf dem Großen Kopf bei Arzbach

cher Richtung. Nach 500 m lenkt uns die Beschilderung zur **›Schönen Aussicht‹,** die etwa 300 m abseits des Wanderweges liegt. Vom Aussichtsturm (2 Std.) schweift bei günstigem Wetter der Blick südlich zum Taunus, westlich zu Hunsrück und Eifel und im Nordwesten bis zum Siebengebirge.

Wir kehren auf unseren Wanderweg zurück, und folgen nun den Markierungen »A« und dem Römerturm zunächst für einen knappen Kilometer. Der Weg verläuft nordöstlich immer über den Höhenrücken und stets durch den Hochwald. Das geübte Auge erkennt links im Wald den Verlauf des römischen Grenzwalles, des Limes. Wir kommen zur Landstraße von Kemmenau bis Arzbach und folgen ihr ein kurzes Stück nach links und dann wieder dem Zeichen des Römerturmes nach weiter durch den Kemmenauer Wald bis zum **Weißen Stein**. Ein ehemaliger Steinbruch gewährt einen aufschlussreichen Blick in das Erdinnere, das hier vorwiegend aus Quarzit besteht. Dieses harte Gestein trotzte über Jahrmillionen hinweg der Abtragung durch Wasser und Wind. So hat sich aus weicherem Gestein all-

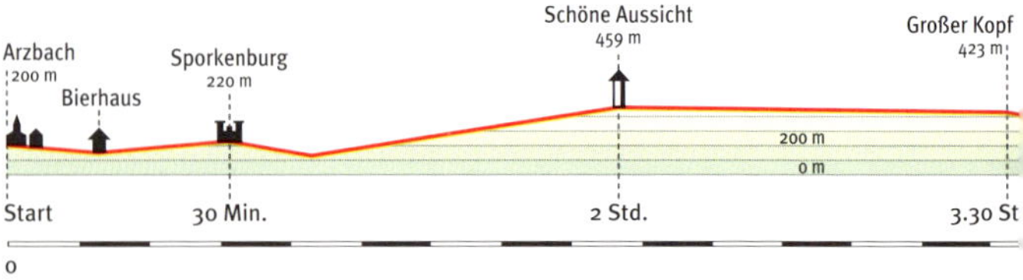

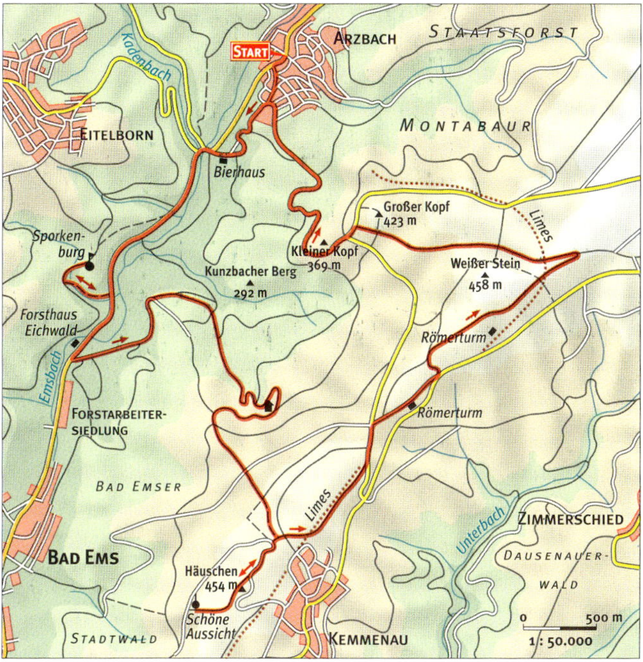

mählich der Höhenzug zwischen Höhr-Grenzhausen und Bad Ems herausgeschält. Unser Weg knickt nun scharf nach links, in westlicher Richtung ab.

Nach ca 1 km treten wir aus dem Wald heraus und sehen vor uns zwei auffallende Bergkegel, den Großen (423 m) und Kleinen Kopf, im Volksmund Teufelsköpfe genannt. Die Lage des größeren der beiden veranlasste bereits die Römer, hier im Grenzgebiet ihres Reiches, einen Wachposten einzurichten. Wer den etwas beschwerlichen Aufstieg wagt, kann die römischen Beweggründe ganz sicher nachvollziehen. Auf dem **Großen Kopf** (3.30 Std.) hat man einen römischen Grenzturm nachgebildet, von dessen Galerie der Blick auf die Augst, wie diese Gegend bei den Einheimischen heisst, fällt. Aus den Wald grüßt die Ruine Sporkenburg. Im Norden macht sich die Montabaurer Höhe durch ihren Fernmeldeturm bemerkbar.

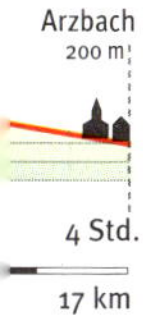

Wir steigen wieder hinab und gehen links zur Landstraße, die uns kurvenreich bergab nach **Arzbach** (4 Std.), dem Ausgangspunkt unserer Wanderung, führt. Auch hier waren die Römer: Wo heute die Kirche oberhalb des Ortes steht, war einst ein römisches Kastell, in dem Grenztruppen untergebracht waren.

Tour 14

Zum Schiefen Turm

Von Nassau nach Dausenau

Einen ›Schiefen Turm‹ gibt es nicht nur in Pisa, sondern auch auf unserer Wanderung. Dass das ›Nassauern‹ der Vergangenheit angehört, beweisen uns Gastfreundschaft und Sehenswürdigkeiten, die uns hier begegnen.

DIE WANDERUNG IN KÜRZE

++ Anspruch

3 Std. Gehzeit

11 km Länge

Charakter: Die steilen Lahnhänge stellen die einzige Herausforderung dar und eignen sich weniger für Kleinkinder und Behinderte. Sonst verlaufen die Wege mehr oder weniger quer zur Hangneigung.

Wanderkarte: TK 1 : 50 000 Naturpark Nassau

Einkehrmöglichkeiten: Nassau, Dausenau

Anfahrt: Mit dem Kfz: Von Koblenz über die B 260 oder ab Limburg über die B 417; **mit öffentlichen Verkehrsmitteln:** Nassau und Dausenau liegen beide auf der Bundesbahnstrecke Koblenz–Gießen.

Vom **Rathaus** in **Nassau** sind es nur wenige Schritte nordwärts zur Hauptstraße, auf die wir nach links abbiegen. Wir folgen ihr nun in westlicher Richtung an der modernen katholischen Pfarrkirche vorbei, bis sich unser Weg gabelt. Wir halten uns rechts und orientieren uns noch eine Weile an der Markierung des nördlichen Lahn-Höhenweges (weißes »L« auf schwarzem Grund), die uns schon durch die Stadt bis hierher geleitet hat. Etwa 400 m nach dem Krankenhaus auf der linken Seite gabelt sich die Straße und entlässt nach links den Lahn-Höhenweg, während wir uns rechts halten und jetzt steil bergan wandern.

Zu unserer Rechten fließt unten der Neuzenbach zur Lahn hin. Die letzten Häuser von Nassau liegen hinter uns. Wir gehen von jetzt an bis nach Dausenau fast ausschließlich durch Wald, der nur an wenigen Punkten den Blick auf das Lahntal freigibt. Der manchmal etwas beschwerliche Anstieg macht uns bewusst, dass Westerwald und Lahntal

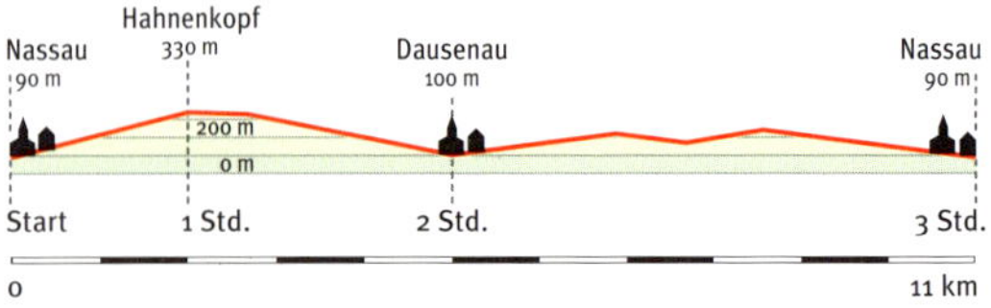

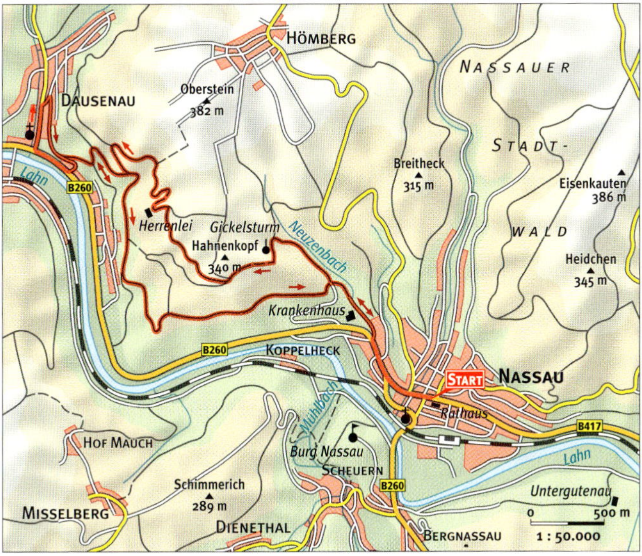

allein schon durch die Höhendifferenz zwei völlig verschiedene Landschaften bilden.

Die Markierung »H 4« leitet uns weiter bergan über die Gertrudishöhe, dann zunächst in südlicher und schließlich in westlicher Richtung zum **Gickeisturm** mit einer Schutzhütte. Hier genießen wir einen eindrucksvollen Panoramablick auf das Lahntal.

Dem markierten Waldweg »H 4« folgen wir weiter am **Hahnenkopf** (1 Std.) vorbei bis zu der 1 km weiter nordwestlich von hier gelegenen **Herrenlei** (357 m; 1.30 Std.). Abermals haben wir einen hervorragenden Ausblick auf das Lahntal und die Schleuse, Burg und Stadt Nassau sowie auf die Taunushöhen im Süden, die wie eine Fortsetzung des Westerwaldes wirken. Wiederum erlebt man das Lahntal deutlich als eigenständige Landschaft zwischen den beiden Mittelgebirgen. Mehr oder weniger steil fallen sie südlich oder nördlich zum Fluss hinab. Unser Wanderweg zieht fast ausschließlich durch dessen Talflanken. Der Westerwald aber ›beginnt‹ erst dahinter, jenseits der Abbruchkante der Hochlagen. Hahnenkopf und Herrenlei möchte man beinahe man als geographische Vorposten des Westerwaldes begreifen.

Von unserem Aussichtspunkt aus müssen wir ohne Wegezeichen auskommen. Genau in der entgegengesetzten Richtung zum ausgewiesenen Wanderweg gehen wir westwärts weiter, wo es im Zickzack über drei scharfe Kehren steil bergab geht. Den zuletzt links abzweigenden Weg lassen wir unbeachtet und schlagen einen Bogen in nordwestlicher Richtung durch die bewaldeten Hänge bis zur nächsten scharfen Linkskehre, der wir folgen. Wir gehen den Weg in südwestlicher Richtung bis wir auf den querverlaufenden Lahnhöhenweg stoßen, den wir an der Markierung »L« auf schwarzem Grund erkennen. Diesem folgen wir zunächst westwärts, gehen am **Schiefen Turm** von Dausenau vorbei und kommen nun zu einem kleinen Sträßchen, in das wir links einbiegen. Dieses führt uns zur Lahntalstraße B 260 nach **Dausenau** (2 Std.) hinein.

Dausenau bildet mit seinen alten Häusern, den Mauern und Türmen der ehemaligen Stadtbefestigung zur Lahn hin eine geschlossene und überaus reizvolle Front. Das Wirtshaus an der Lahn ist keine Anzüglichkeit, sondem eine alte Gaststätte voller Erinnerungen an Zeiten, als die Lastschiffe noch mit Pferden gezogen wurden. Es lohnt sich, sich nach Weinen aus den inzwischen selten gewordenen Anbaugebieten der Lahn zu erkundigen.

In der Ortsmitte folgen wir zunächst der nordwärts führenden Nebenstraße durch die Neubausiedlung, bis uns die Wegezeichen des Lahnhöhenweges weißes »L« auf schwarzem Grund nach rechts und dann wieder südwärts geleiten, bis wir zu dem Sträßchen kommen, auf dem wir beim Hinweg in den Ort gelangt sind. Wir gehen nun ca. 1 km den gleichen Weg wie im ersten Teil der Wanderung, bis zu der Stelle, an der unser alter Weg nach links abzweigt. Nun folgen wir dem weiterverlaufenden Lahnhöhenweg oberhalb des Talgrundes nach **Nassau** zurück (3 Std.).

Die hiesigen Namen der Wanderwege wie ›unterer‹ und ›mittlerer Weinbergsweg‹ zeigen, wo wir uns befinden: Wir laufen nämlich durch ehemalige Wingerte. Einwanderer aus dem Moselgebiet haben einst den Weinbau an der Lahn eingebürgert. In Dausenau erlangte er auch wirtschaftliche Bedeutung; wer dort diesbezüglich nicht auf seine Kosten gekommen ist, kann sich ja in Nassau noch ein wenig umsehen. So schenkt auch die Schlossklause Lahnwein aus, der aus dem Anbau des heutigen Schlossbesitzers Graf Kanitz stammt.

Dausenau an der Lahn

Auf Goethes Spuren

Rundweg ab Laurenburg

Schon Goethe sammelte bei Holzappel Mineralien. Doch nachdem die Gruben stillgelegt wurden, ist es hier stiller und grüner geworden, nur Liebhaber sieht man immer noch. Weinkenner machen lieber eine Kellerprobe im einzigen Anbaugebiet des Westerwaldes.

DIE WANDERUNG IN KÜRZE

++ Anspruch

5 Std. Gehzeit

21 km Länge

Charakter: Zu Beginn und Ende der Strecke ist der Höhenunterschied zwischen Lahntal und Westerwaldhöhen zu überwinden, die Straßen- und Wegeverhältnisse an sich sind überall gut.

Wanderkarte: TK 1 : 50 000 Naturpark Nassau

Einkehrmöglichkeiten: Obernhof, Holzappel, Laurenburg, am Herthasee

Anfahrt: Mit dem Kfz: Über die A 3 bis »Montabaur«, von dort kurvenreiche, aber reizvolle Anfahrt durch das Gelbachtal; aus Richtung Wiesbaden und Koblenz B 260 bis Nassau, dann B 417; **mit öffentlichen Verkehrsmitteln:** Laurenburg liegt an der Bahnlinie Koblenz–Limburg; von Montabaur fahren Busse bis Laurenburg.

Die Stammburg der später berühmten Grafen und Fürsten von Nassau gab **Laurenburg** seinen Namen. Vom **Bahnhof** gehen wir über die Lahnbrücke und im Ort nach rechts an der Lahn entlang bis zum Wegweiser nach Scheidt. Beim steilen und kurvenreichen Aufstieg erkennen wir jenseits der ersten Straßenkehre die Ruine der Laurenburg auf einem vorspringenden, nun bewaldeten Bergsporn. Wir orientieren uns an der Wegmarkierung »H2«, bis wir nach **Scheidt** kommen. Beim Friedhof genießen wir schöne Ausblicke über die Lahnhöhen und zum Taunus hinüber.

Von hier aus folgen wir erneut dem mit »H2« gekennzeichneten Weg, nun jedoch in Serpentinen steil zur **Lahn** hinab. Am Ufer angelangt, folgen wir der Lahn flußaufwärts bis wir nach **Geilnau** (1 Std.) kommen. Da hier keine Straße verläuft, umfängt uns unterwegs eine Stille, wie sie selbst im Lahntal nur noch selten anzutreffen ist. Die Lahn beschreibt hier einen großen Bogen, auf dessen Bogenmitte wir uns nun in Geilnau befinden. Auf der gegenüberliegenden Anhöhe, die der Fluss umläuft, liegt das Dorf Cramberg. Die Felsen der ›Cramberger Schlinge‹ sind wegen ihrer Pflanzen und Vogelwelt naturkundlich von Bedeutung. Etwa 1 km hinter Geilnau erreichen wir einen **Mineralbrunnen,** eine Besichtigung des Schachtturmes ist empfehlenswert. Im Lahngebiet gibt es eine ganze Anzahl von Mineralwässern, die zum Teil sogar in warmen Quellen (Thermalquellen) an die Erdoberfläche dringen. Manche davon sind weltberühmt, wie das ›Emser Kränchen‹ oder das ›Selterswasser‹.

Wir biegen nun links ab und folgen dem Fahrweg für die nächsten 2 km durch das Schwarbachtal, das mitunter schluchtartigen Charakter annimmt. Links tritt schließlich der Wald zurück und wir stoßen auf die B 417, der wir nach links folgen. Ab und an bieten Pfade neben der Straße die Gelegenheit, dem Straßenverkehr auszuweichen. Nach ca. 2 km erreichen wir den **Herthasee** (2.30 Std.), wo es vielfältige Möglichkeiten zur Entspannung, wie Imbiss, Schwimmen, Rudern, Minigolf usw., gibt. Wie alle stehenden Gewässer des Westerwaldes ist auch der Herthasee durch Menschenhand entstanden. In diesem Fall diente das aufgestaute Wasser den technischen Bedürfnissen des ehemaligen Bergbaues um Holzappel.

Wir gehen nun am Waldrand entlang links oberhalb der Straße und erreichen **Holzappel** (2.45 Std.) nach 1 km. Der Ort hieß einmal ›Estern‹ und bildete damit den Mittelpunkt der kleinen Herrschaft Esterau. Graf Peter Melander, der sich im Dreißigjährigen Krieg als kaiserlicher General hervorgetan hatte, erwarb das Gebiet, das zur Reichsgrafschaft erklärt wurde. Die Ortsmitte um den Bärenbrunnen ist durch die angrenzenden Fachwerkbauten recht malerisch. Im historischen Gasthaus neben dem Brunnen übernachtete Goethe, wie die Tafel ausführlich berichtet. Ein kleines Heimatmuseum bietet weitere Informationen. Unterhalb des Marktplatzes weist uns ein Straßenschild direkt nach Charlottenberg, auch der mit »H 1« gekennzeichnete Wanderweg verläuft in diese Richtung.

In der Umgebung von Holzappel sind an vielen Stellen Halden der alten Gruben, die Blei- und Zinkerze gefördert haben, zu erkennen. Ihre Mineralstufen entzückten einst Goethe und zieren heute die Sammlungen bedeutender Museen. Spezialisten konnten auch in jüngster Zeit hin und wieder wertvolle Mineralien finden, obwohl das Terrain eigentlich schon lange ›abgegrast‹ ist.

Nach ca. 1 km auf der Chaussee ab Holzappel gelangen wir nach **Charlottenberg,** das mit seinem Ortsnamen der Fürstin Elisabeth Charlotte dankt, die 1699 die Ansiedlung verfolgter Waldenser in der Esterau ermöglicht hatte. Die Anlage des Dorfes und der Baustil seiner Häuser weicht deutlich von dem im Westerwald üblichen Stil ab. Auf dem Waldenserdenkmal an der Weggabelung unterhalb des Ortes sind die Namen der ersten Zuwanderer verzeichnet. Vom Denkmal aus kommen wir nach etwa 400 Metern an den Waldrand und verlassen nun die Straße. Der alte Postweg nach Nassau leitet uns immer geradeaus in annähernd südwestlicher Richtung durch geschlossene Waldbestände.

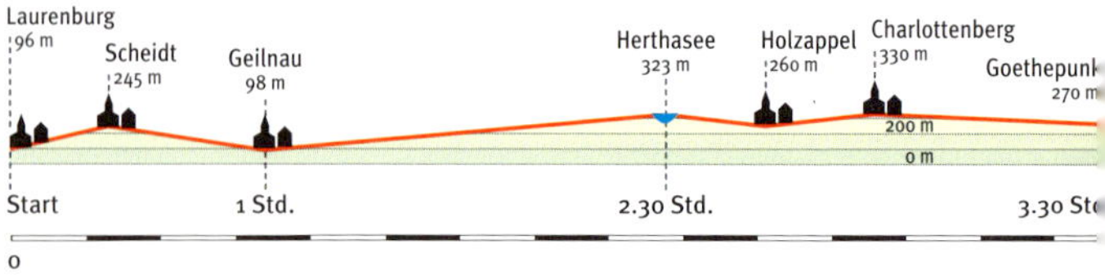

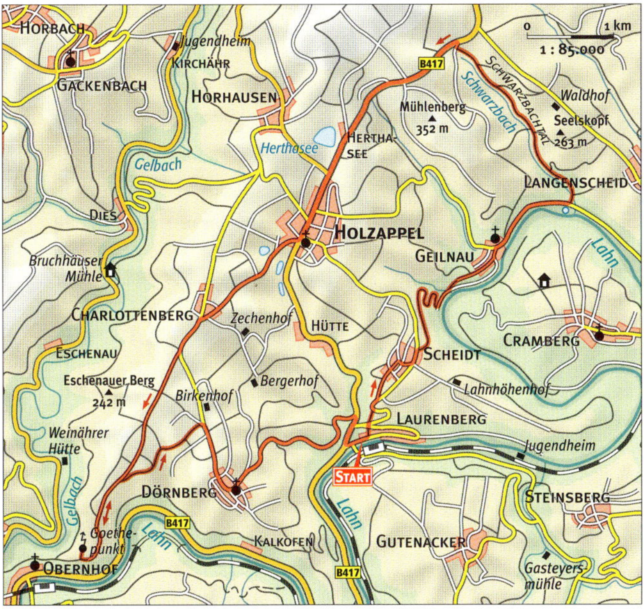

Nach 2,3 km gelangen wir zum Kammende des Bergzuges und wenden uns nach rechts zum **Goethepunkt** (3.30 Std.). Steil fallen die Bergflanken zum Lahn- und Gelbachtal ab. Über der Lahn erhebt sich auf einem gegenüberliegendem Berg Kloster Arnstein mit seiner romanischen Kirche. Unterhalb von uns liegt der Weinort Obernhof. Vom Aussichtspunkt aus gehen wir zunächst 1 km den selben Weg zurück, den Markierungen des Lahnhöhenweges »L« folgend. Die Strecke, die wir auf dem Hinweg gegangen sind, geht nun links ab, wir folgen dem Lahnhöhenweg jedoch weiter bis nach **Dörnberg** (4Std.). Bei der Kirche gehen wir in Richtung Laurenburg weiter, wobei die wenig befahrene Landstraße der schnellste und sicherste Weg ist. Vor allem schneidet sie links imposante Felsen an und gestattet so unmittelbaren Einblick in den Gesteinsaufbau des Rheinischen Schiefergebirges. rechts gewährt sie den Blick auf ausgedehnte Halden aus der Zeit, als hier noch Bergbau umging. Nach insgesamt 5 Std. kommen wir wieder in **Laurenburg** an.

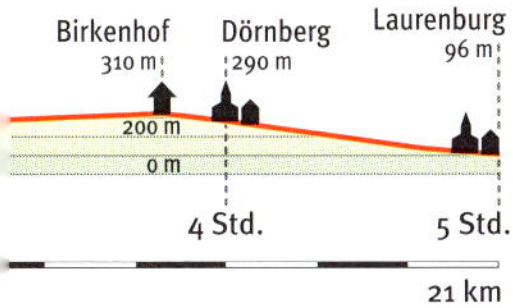

Tour 16

›Eiszeit‹ und Barock

Zu den Randhöhen des Westerwaldes bei Hadamar

Von der ehemaligen fürstlichen Residenz Hadamar mit ihren barocken Kunstwerken geht es auf Spurensuche in graue Vorzeit. Die Kunde vom ›Eiswunder‹ der Dornburg und legendäre Bezeichnungen wie Blasiusberg und Heidenhäuschen klingen verheißungsvoll.

DIE WANDERUNG IN KÜRZE

+++ **Anspruch**

7 Std. **Gehzeit**

26 km **Länge**

Charakter: Sieht man vom Aufstieg zum Blasiusberg ab, ist die Strecke durchweg für jedermann geeignet und insgesamt als eher einfach zu bezeichnen; wegen der Länge erfordert sie aber eine gute Kondition.

Wanderkarte: TK 1:50 000 L 5514 Weilburg

Einkehrmöglichkeiten: Hadamar, Frickhofen, Dorchheim und Oberzeuzheim

Anfahrt: Mit dem Kfz: A 3 bis Abfahrt Limburg, B 8 bis Elz, dann Landstraße bis Hadamar, parken im Stadtzentrum; **mit öffentlichen Verkehrsmitteln:** Hadamar liegt an der Bundesbahnstrecke Westerburg–Limburg und ist mit dem Bus von Limburg aus zu erreichen.

Wo einst eine schlichte Wasserburg den Zugang zum Westerwald sicherte, errichtete Fürst Johann Ludwig von Nassau-Hadamar im Stil der späten Renaissance Schloss Hadamar (17. Jh.). Bürgerstolz äußert sich in prächtigen Fachwerkbauten, darunter das Rathaus. Die Kirche erhielt eine kostbare Barockausstattung aus einer ortsansässigen Künstlerwerkstatt. Das ehemalige Kloster missbrauchten die Nationalsozialisten verbrecherisch. Edle Züge bewahrt dagegen die gotische Liebfrauen-Kirche am Friedhof.

Wir starten im Zentrum von **Hadamar** in der Nähe des Schlosses, gehen die Brückengasse hinab, überqueren den Elbbach und wenden uns nach rechts zur Liebfrauenkirche. Von hier führt unser Weg (Markierung: weiße »6« auf schwarzem Grund, anfangs auch »1« und »2«) nordwärts. Am **Bahndamm** entlang

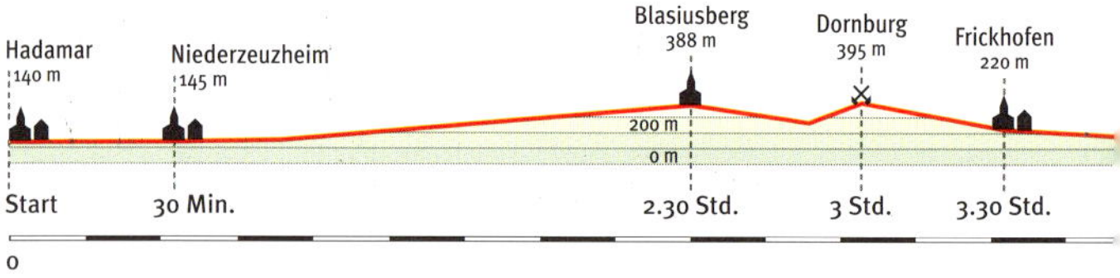

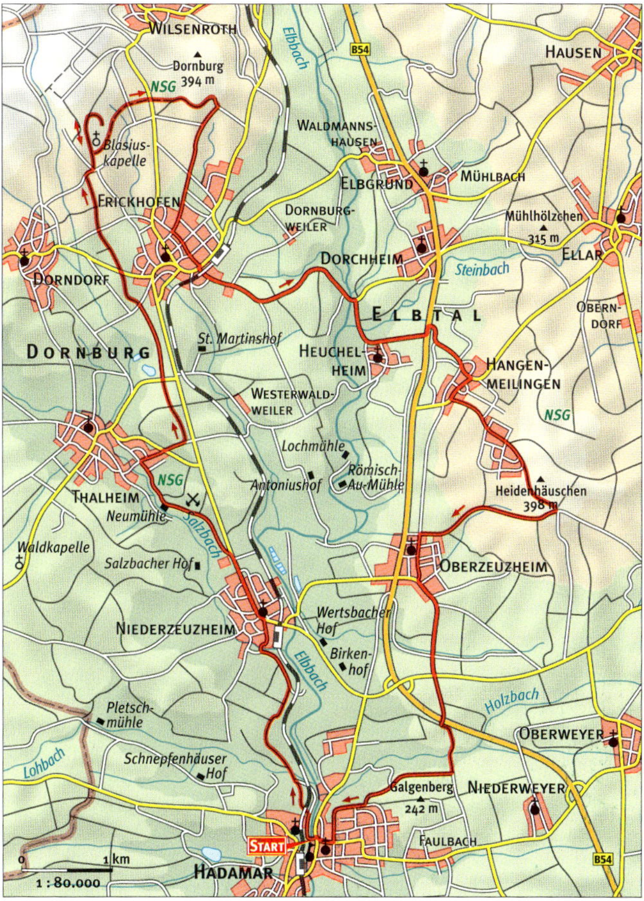

gelangen wir schließlich nach **Niederzeuzheim** (30 Min.). Die offizielle Wegeführung ist abschnittsweise geändert worden, sodass die Markierungen mitunter vielleicht widersprüchlich erscheinen. Im Zweifelsfalle ist also diese Beschreibung maßgebend.

Wir gehen geradeaus in den Ort bis zur Kirche (18. Jh.), die einen Be-

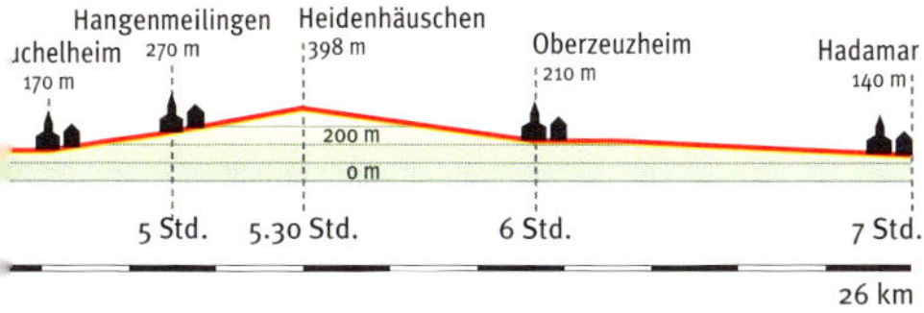

such lohnt. Hier treffen wir auf die Hauptstraße und folgen ihr nach links; wir verlassen auf ihr den Ort. Schon 250 m hinter den Häusern biegt gegenüber dem **Sportplatz** links eine Fahrstraße in den Wald, der wir folgen. Wir passieren rechts einen Steinbruch und links die **Neumühle.** Bei den ersten Häusern von **Thalheim** (1 Std.) nehmen wir rechts die erste Straße, überqueren am Ortsrand die Zubringerstraße und behalten die Richtung bei, bis etwa 100 m vor der Landstraße links, bzw. in nordwestlicher Richtung, ein Feldweg abzweigt.

Anfangs müssen wir noch in Nähe der Straße laufen, doch allmählich wächst der Abstand zu ihr. Die Strecke bietet wenig Abwechslung, wie es dem Charakter weiter Teile des Limburger Beckens entspricht. Doch in der Ferne lockt bereits sichtbar unser Ziel: die grünen Höhen des Westerwaldes. Unbeeindruckt von der Entfernung streben wir ihnen zu. Die Distanz ist über die hier vorgeschlagene Strecke am besten zu überbrücken.

Schließlich überqueren wir die Straße zwischen Dorndorf und Frickhofen, lassen diese Orte aber links bzw. rechts liegen. Indem wir unsere Richtung unbeirrt beibehalten, gelangen wir zum Fuß des **Blasiusberges** (2.30 Std., NSG).

Bildstöcke mit dem Kreuzweg Christi geleiten uns auf dem Pilgerweg zum **Gipfel,** wo wir auf eine kleine Wallfahrtskapelle stoßen. Bei dem freien Plateau vor dem Kirchlein handelt es sich um einen ehemaligen Friedhof. Bei günstiger Sicht liegt vor uns das gesamte Limburger Becken. Die Bergzüge, die wir auf dieser Wanderung besuchen, bilden die natürliche Grenze zwischen der Ebene und dem Westerwald.

Wir nehmen den steilen Abstieg an der Nordostseite des Berges. Unten folgen wir aber nicht dem alten Totenweg in Richtung Wilsenroth, sondern wenden uns rechts und gelangen auf die Zufahrt zum Jagdhaus. Wir gehen auf ihr geradeaus und überqueren in östlicher Richtung die **Straße Wilsenroth-Frickhofen.** Am Parkplatz nahe der Dornburg bieten Tafeln Erläuterungen zu den naturkundlichen Sehenswürdigkeiten dieses Gebietes. Auf der **Dornburg** (3 Std.) sind alle Wege und Sehenswürdigkeiten gut ausgeschildert, sodass der Bereich je nach Interessenlage auch individuell erkundet werden kann (NSG).

Wir beschränken uns jedoch auf den offiziellen Wanderweg (»III«, »6«), der uns an der ›Rossel‹ vorbeiführt, einem Basaltblockmeer von fast 1 km Länge. Vor einem Stollen machen uns Schilder auf das ›Ewige Eis‹, ein für den Westerwald einmaliges Naturphänomen, aufmerksam. Infolge kalter Luftströmungen im Geröll hält sich nämlich Eis bis in den Sommer. Umgekehrt kann an Wintertagen die Temperatur hier höher liegen als im Freien, sodass stellenweise die Schneedecke schmilzt.

Wir bleiben zunächst weiter auf dem markierten Weg (»6«), wenn dieser aber am Waldrand links abbiegt, halten wir uns rechts und gehen an der **Tennisanlage** vorbei nach **Frickhofen** (3.30 Std.). Dem alten Rathaus und der Kirche mit ihrer wertvollen Einrichtung sollten wir ein wenig Aufmerksamkeit schenken. Danach geht es auf der Hauptstraße gleich links weiter in Richtung Dorchheim. Die Straße überquert beim Bahnhof die Gleise und führt aus dem Ort. An der Brücke über den Elbbach gehen wir nicht mehr links

Von der Dornburg aus gesehen: weit ins Land, im Vordergrund Langendernbach

weiter nach Dorchheim, sondern biegen rechts in die Straße **Auf der Insel** ab, der wir folgen, um dann durch das **Elbbachtal** abwärts zu wandern. Vor Heuchelheim folgen wir der Linkskurve, ohne ins Dorf hineinzugehen. Bald überqueren wir die **Bundesstraße** Limburg-Rennerod (B 54) und erreichen jenseits **Hangenmeilingen** (5 Std.).

Wir folgen der Hauptstraße durch das Dorf und werfen einen Blick auf das prächtige Fachwerkhaus (1761, Hs.-Nr. 9) im südwestlichen Ortsbereich. Am Ortsrand strebt der Weg in südöstlicher Richtung zu den Wochenendhäusern und weiter direkt auf die bewaldete Höhe zu. Wir haben das dritte Ziel unserer Wanderung erreicht, das **Heidenhäuschen** (5.30 Std.), müssen aber noch der Beschilderung folgend bergan steigen bis zum **Gipfel** (NSG). Mächtige Basaltblöcke türmen sich auf. Einst boten sie offenbar natürlichen Schutz für die keltische und germanische Bevölkerung. Am Waldrand im Süden genießen wir eine ähnliche Fernsicht wie vom Blasiusberg.

Von jetzt an hilft uns wieder die Wegmakierung (weiße »IV« auf schwarzem Grund) bei der Orientierung. Wir wandern aus der Gipfelregion durch den Wald zunächst südwärts, biegen dann aber nach rechts ab. Der Schotterweg wird zum Asphaltsträßchen und führt aus dem Wald, am Sportplatz vorbei nach **Oberzeuzheim** (6 Std.). Wir biegen links in die Kirchstraße ein, folgen ihr, um am Ende kurz links und dann wieder rechts abzuknicken. Genau in südlicher Richtung führt die alte Chaussee aus dem Ort. Wir folgen ihr, ohne die Abzweigung links zu beachten. Bei einer Kapelle stoßen wir auf die Straße Steinbach-Niederzeuzheim und überqueren diese. Jenseits führt unser Weg weiter durch die Fluren. An einer Weide biegt der Weg nach links ab und zieht zu einer kleinen Brücke über den Holzbach. Nur wenige Schritte trennen uns noch von den ersten Häusern **Hadamars** (7 Std.). Schon von weitem erblicken wir die mächtige Schlossanlage im Stadtzentrum, die uns zu unserem **Ausgangspunkt** lotst.

Tour 17

Residenzen an der Lahn

Weilburg und Merenberg

Weilburg war nassauische Residenzstadt – Merenberg hingegen hat mittelalterliches Flair. Auch die Landschaften, die wir auf dieser Wanderung besuchen, sind sehr gegensätzlich: mittleres Lahntal und Westerwald.

DIE WANDERUNG IN KÜRZE

+++ Anspruch

6.30 Std. Gehzeit

26 km Länge

Charakter: Die steilen Lahnhänge bei Weilburg mit ihren relativ langen Steil- oder Gefällstrecken sind eher geübteren Wanderern zu emfehlen. Bis auf Abschnitte der Feldwege vor Probbach sind die Wege durchweg in gutem Zustand.

Wanderkarte: TK 1 : 50 000 L 5514 Weilburg; Hochtaunus Nord

Einkehrmöglichkeiten: Weilburg, Merenberg, Barig-Selberhausen, Probbach, Löhnberg

Anfahrt: Mit dem Kfz: Über die A 45 Dortmund–Frankfurt bis Wetzlar, A 3 Köln–Frankfurt bis Limburg, dann B 49 und B 456 nach Weilburg; **mit öffentlichen Verkehrsmitteln:** Weilburg liegt an der Bahnstrecke Koblenz–Gießen, Busverbindung ab Limburg nach Merenberg und Weilburg.

An der **alten Lahnbrücke** in **Weilburg** führt kein Weg vorbei. Die Steilhänge der Westerwald-Seite vor Augen gehen wir hinter der Brücke an der Post vorbei und dann links ein Stück die Limburger Straße hinauf. Dann biegen wir links in die Spielmannstraße ein. Am Waldrand wenden wir uns rechts und folgen dem Wanderweg (Markierung: weiße »IV« auf schwarz) und steigen bergan durch den Wald. Beim Lehrbetrieb für Waldarbeiter kommen wir auf die **Bundesstraße** (B 456), auf der wir links nach einigen Schritten die Fortsetzung unseres Weges finden, der rechts wieder in den Wald führt. Wir unterqueren die Schnellstraße (B 49, 1.15 Std.) und wandern jenseits zunächst in nordöstlicher Richtung durch abwechslungsreichen Laub- und Nadelwald. Schließlich wendet

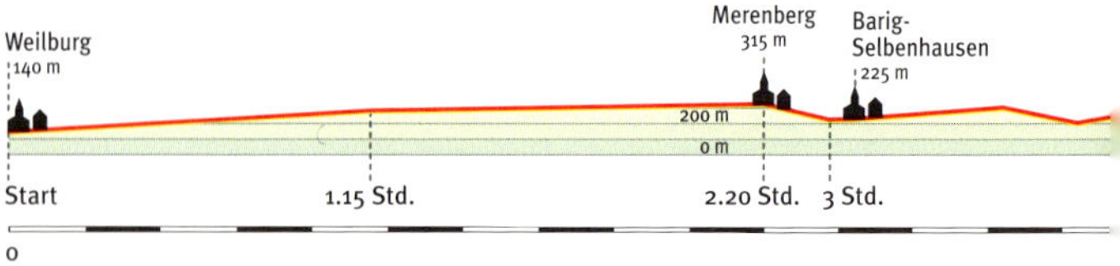

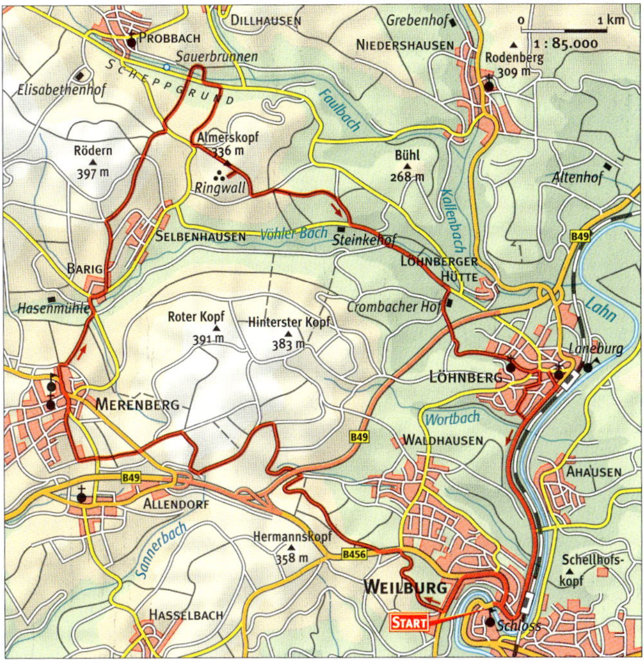

sich der Weg (»IV«) nach links. Wir kommen an ehemaligen Steinbrüchen vorbei, überqueren die Straße Merenberg-Weilburg und gehen noch ein Stück durch Wald. Sobald wir die Allendorfer Straße erreicht haben, gehen wir rechts weiter, bis wir nach **Merenberg** (2.20 Std.) kommen. Hier biegen wir nach links in die Kirchstraße ein und steigen dann rechts zur Burgruine hinauf, die uns schon von weitem den Weg wies, und die uns jetzt eine hervorragende Aussicht bietet.

Um 1100 wurde auf dem **Ziegenberg** die gleichnamige Burg zur Sicherung der mittelalterlichen Fernstraße im Verlauf der heutigen B 465 errichtet. Davon profitierte auch der Ort, der 1331 sogar Stadtrechte erhielt. Ein Torturm erinnert an diese Zeit. Im Dreißigjährigen Krieg wurden Burg und Ort ein Opfer der Flammen (1634).

Wir orientieren uns nun an der Neunkirchener Straße, die nördlich den Burgberg umläuft. Von ihr zweigt der Neumüllerweg ab, der geradeaus nach Norden zieht. Die Mar-

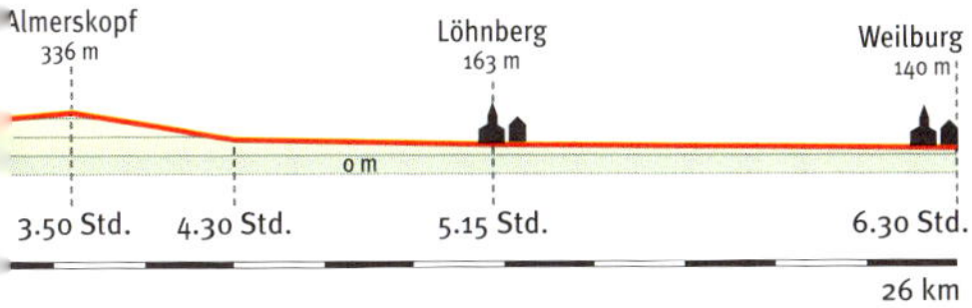

kierung (_I_) veranlasst uns bald zum Verlassen dieses Weges nach rechts, um nach etwa einem halben Kilometer in nordwestlicher Richtung **Barig-Selbenhausen** zu erreichen (3 Std.).

Hier biegen wir rechts in die Schilstraße ab; diese entlässt links unseren Weg, der bergan zum Waldrand führt, an dem wir – wiederum unserem Zeichen folgend – in nördlicher Richtung weitergehen. Unterwegs kommen wir an einem **Basaltbruch** vorbei, überqueren einen Fahrweg und sehen schließlich von rechts die Straße Probbach-Selbenhausen herbeiziehen, der wir nach links folgen. Bei der nächsten Gabelung gehen wir links und biegen wiederum rechts ab in den ersten Feldweg. Diesem folgen wir weiter nordwärts und überqueren dabei bald die Straße Probbach-Löhnberg. Jenseits derselben erkennen wir im Tal vor uns den **Sauerbrunnen,** dessen Zufahrt ausgeschildert ist (3.30 Std.).

Schloss Weilburg und Schlosspark

Schon 1459 wird diese Quelle urkundlich erwähnt. Fürst Christian von Nassau wollte ihretwegen Probbach sogar zum Kurort erheben. Der Säuerling ist als Tafelwasser gut geeignet, wovon man sich selber überzeugen kann. Er steht erdgeschichtlich mit vielen anderen Mineralquellen des Lahngebietes in Zusammenhang (z. B. ›Selters‹).

Nach einer Gratiserfrischung gehen wir zur Straße zurück, folgen ihr ostwärts und biegen am Waldrand rechts in den Feldweg ein, der uns parallel zum Weg, auf dem wir gekommen sind, zum offiziellen Wanderweg zurückführt. Sobald wir auf die **Chaussee Probbach-Selbenhausen** kommen, bemerken wir wieder die vertrauten Zeichen (_I_, 18). Ein kurzes Stück folgen wir der Straße nach links. Aus der scharfen Straßenkurve führt der markierte Wanderweg links in den Wald hinein. Auf ihm gelangen wir in südöstlicher Richtung bergan zum **Almerskopf** (3.50 Std.). Die Anhöhe besitzt eine gut erhaltene keltische Ringwallanlage aus der La-Tène-Zeit (ca. 500 v. Chr.). Sie diente als Fluchtburg bei Kriegsgefahr und sonstiger Bedrohung.

Den Markierungen (_I_, 18) folgend, gehen wir im Wald wieder bergab. Der Fahrstraße am Waldrand folgen wir nach links, bis sie einen Waldweg nach rechts entlässt, den wir jetzt nehmen. Er führt uns durch die Wellerheck hindurch und am Waldrand rechts ab zur **Straße Selbenhausen-Löhnberg,** die wir beim **Steinkehof** (4.30 Std.) erreichen. Wir folgen der Straße nach links, überqueren dabei den Vöhlerbach, wenden uns dahinter wieder nach links und folgen dem Bach talwärts. In Höhe des **Crombacherhofes** biegen wir rechts ab. Nach Überquerung der B 49 stoßen wir schließlich auf das Tälchen des Wortsbaches, der am südlichen Ortsrand von **Löhnberg** (5.15 Std.) in die Lahn mündet und uns zugleich die Richtung weist.

Die Laneburg, 1310 von Graf Johann von Nassau-Dillenburg erbaut, gab dem Ort seinen Namen. Sie wurde zum Schloss umgewandelt, als die Grafen Löhnberg zur Residenz erhoben. Die ehemalige Schlosskirche (1738) mit gotischem Chor besitzt ausgezeichnete Malereien.

Links über die Unterstraße gelangen wir zum klassizistischen Rathaus, das neben den schönen Fachwerkhäusern im Ort vom einstigen Wohlstand zu Zeiten der Residenz zeugt. Reiche Eisenerzvorkommen erklären, weshalb so nahe bei Weilburg eine weitere Residenz unterhalten werden konnte. Neben anderem ist heute ›Selterswasser‹ das wohl bekannteste Produkt der Gegend.

Westlich des Rathauses führt die Waldhäuser Straße aus dem Ort. Wir biegen vorher rechtsab in die Kirchbergstraße, um zur Kirche zu gelangen. Nach deren Besichtigung geht es wieder auf die Waldhäuser Straße, von dieser biegen wir links ab in die Rielstraße und gehen über die Weilburger Straße zurück bis zur Mündung des Worstbaches in die Lahn.

Der Lahn folgen wir nun weiter nach **Weilburg** (6.30 Std.). Die ganze Schönheit der Stadt und ihres beherrschenden Schlosses kommt auf unserem Weg voll zur Geltung. Nach der Ankunft ist ein Besuch des Schlosses und des barocken Parks unverzichtbar.

Lohnend ist auch ein Besuch im Bergbaumuseum am Schlossplatz wegen der hervorragenden Mineraliensammlung und einprägsamen Darstellung des Bergbaues einschließlich Schaustollen.

Tour 18

Oberwesterwälder Kuppenland

Mengerskirchen und Knoten

Recht dramatisch vollzieht sich der Übergang vom mittleren Lahngebiet zum Hohen Westerwald. Er überwindet das waldreiche Knotenmassiv, das bastionsartig die Flanke des Westerwaldes bildet. Die waldreiche Landschaft bietet Ruhe und Erholung.

DIE WANDERUNG IN KÜRZE

++ Anspruch

4.30 Std. Gehzeit

19 km Länge

Charakter: Bis auf den langdauernden Aufstieg zum Knotenmassiv ist die Strecke auf durchweg guten Wegen leicht zu bewältigen.

Wanderkarte: TK 1:50 000 L 5514 Weilburg

Einkehrmöglichkeit: Mengerskirchen

Anfahrt: Mit dem Kfz: B 456 von Weilburg, dann Landstraße bis Mengerskirchen, Parkmöglichkeiten beim Schloss und an der Hauptstraße; **mit öffentlichen Verkehrsmitteln:** Bundesbahn Gießen–Limburg, Bahnhof Weilburg; Busverbindungen von und nach Herborn (VLD), Weilburg und Limburg

Mengerskirchen erlangte durch seine Lage an den mittelalterlichen Fernstraßen nach Köln und Frankfurt schon früh an Bedeutung. Als Marktflecken (seit 1481) besaß der Ort das Recht zur Befestigung, die noch in spärlichen Resten erkennbar ist. Der alte Burgsitz (14. Jh.) wurde im 17. Jh. zur Jagdresidenz des Hauses Nassau-Hadamar umgewandelt. Das Heimatmuseum im Schloss erzählt mehr dazu.

Vom **Schloss** aus folgen wir der Straße Richtung Arborn, biegen etwa 400 m vom Ortsrand nach dem Pumpwerk gegenüber dem alleinstehenden Baum rechts ab und wählen den Feld- und Wanderweg in nordöstlicher Richtung immer auf die schon von weitem sichtbare Kuppe des Heidenkopfes zu. Zuletzt geht es über den grasigen Hang am Waldrand vorbei ein kurzes Stück bergan zur Baumgruppe (ND) mit

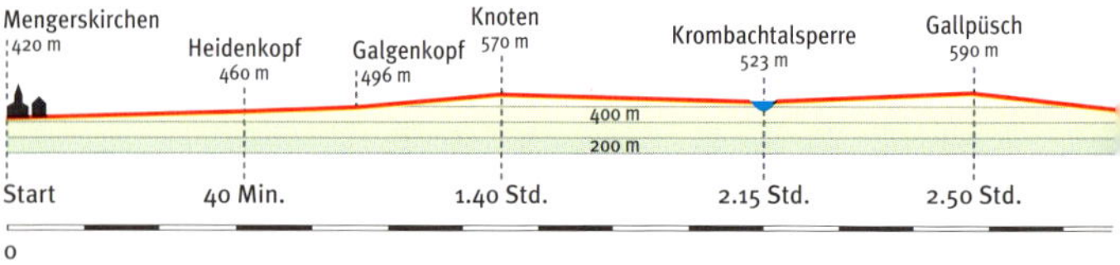

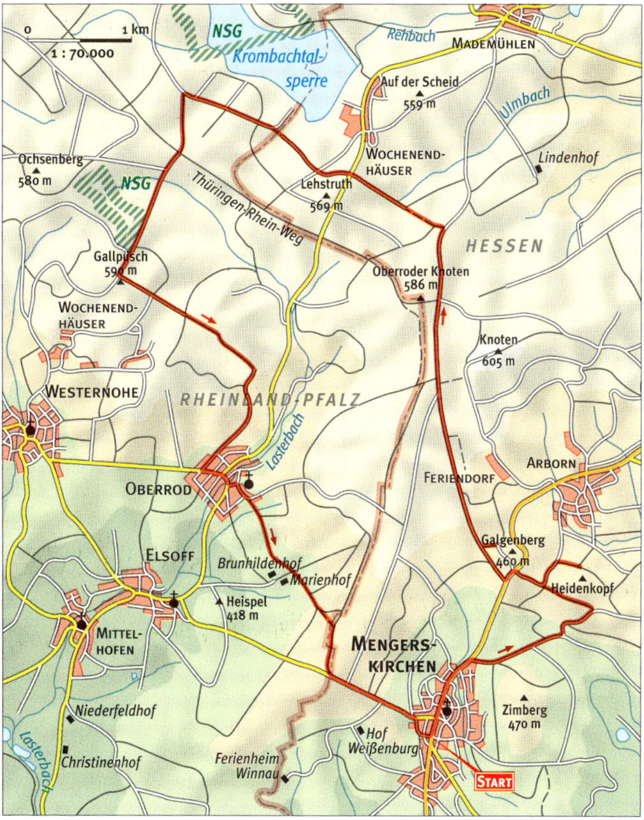

Parkplatz. Unser Ziel, die Felsgruppe **Heidenkopf,** liegt jetzt unmittelbar vor uns (40 Min.). Entlang einer Spalte im Grundgestein drang während der für den Westerwald so schicksalhaften Braunkohlezeit (Tertiär) basaltisches Magma an die Erdoberfläche und erstarrte zu Blöcken. Heute genießen wir eine gute Fernsicht auf den Lahn-Westerwald.

Vom Heidenkopf aus überqueren wir in westlicher Richtung die **Landstraße Mengerskirchen-Arborn,** der man auch den Namen ›Balkonstraße‹ gegeben hat, da sie in zahlreichen scharfen Windungen verläuft, die immer wieder neue, überraschende Ausblicke eröffnen. Man sollte sie einmal bei passender Gelegenheit mit dem Fahrrad oder dem Auto erkunden; auch dies ist eine eigene, lohnenden Angelegenheit.

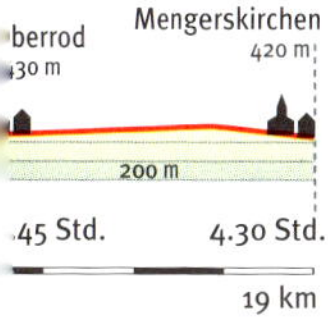

Wir folgen dem leicht versetzten, aber nicht zu übersehenden asphaltierten Zubringer zum **Parkplatz,** der von dort an als Feld- und später als Waldweg bergan führt (Markierungen »II«, »Q 2«). Zwischen Zubringer und Landstraße liegt rechts die Anhöhe **Galgenkopf** (496 m), die wegen der Rundsicht einen kleinen Abstecher lohnt. Im Winter herrscht hier bei günstiger Schneelage Hochbetrieb, da der Knoten als Wintersportgebiet erschlossen ist.

Wir bleiben weiter auf dem breiten Weg (Markierung: weiße »7« auf schwarz) und gehen in der bisherigen Richtung geradeaus weiter bis zum **Oberroder Knoten** (1.40 Std.). Wir wandern auf der alten ›Napoleonstraße‹, die einst Limburg mit Herborn und Dillenburg verband. Lange geht es durch Grasland, bis wir schließlich in den Wald treten und bald am Skilift links das Gebiet des Oberroder Knotens erkennen. Wir gehen daran vorbei bis zum Waldrand. Dort wendet sich unser Weg nach links am Wald entlang und schließlich in diesen hinein.

Nachdem wir die Straße Oberrod-Mademühlen überquert haben, nähern wir uns der **Krombach-Talsperre,** die auch dem Wassersport dient, im Westteil aber unter Naturschutz steht. Wer hier verweilen möchte, kann nach rechts zwischen Zufahrten zu zwei Zeltplätzen mit Badestrand wählen (2.15 Std.).

Wanderweg 7 führt noch ein gutes Stück durch Wald und wendet sich schließlich nordwärts. Wir verlassen ihn deshalb und biegen kurz nach der zweiten (westlichen) Zufahrt zum Zeltplatz scharf links ab und wandern nun die Wiese hinab wieder in den Wald hinein und dann über einen Querweg geradeaus in südwestlicher Richtung bis zur **Wacholderheide** (NSG, Schutzhütte). Die Vegetation entstand durch Überweidung und würde, sich selbst überlassen, bald wieder vom Hochwald überwuchert (vgl. Ahrdt in Wanderung 34). Als Kulturlandschaft und wegen mancher Besonderheiten von Pflanzen- und Tierwelt sucht man die ›Heide‹ zu erhalten.

Es geht nun noch etwa 150 m weiter bis zum **Gallpüsch** (2.50 Std.) und unmittelbar vor diesem dann links ab. Geradeaus führt jetzt unser Weg (Markierung »B 3«) schnurgerade in südöstlicher Richtung durch den Wald und zuletzt an dessen Rand entlang. Am Ende des Waldes laufen mehrere Wanderwege zusammen, sodass es für uns nicht schwierig ist, eine Markierung zu finden, die uns hier den Weg bergab nach **Oberrod** (3.45 Std.) weist.

Sobald wir unten im Ort den Lasterbach überquert haben, lockt ein kurzer Aufstieg zu einer **Kapelle,** die malerisch unter mächtigen Bäumen (ND) liegt. Am Fuß der Basaltkuppe führt der Weg zu einem Feldkreuz. Dort lassen wir die Abzweigung nach links unbeachtet. Stattdessen behalten wir die eingeschlagene Richtung nach Südosten unbeirrbar bei und bewegen uns schließlich am Waldrand entlang. Im Wald dann verengt sich unser Weg vorübergehend zu einem Fußpfad. Wir lassen uns dadurch nicht beirren, sondern gehen weiter in südöstlicher Richtung leicht bergan. Erst im Bereich des **Graubergs** (4.15 Std.) hat unsere Strecke wieder Gefälle; sie trifft am Waldrand beim Wegekreuz auf die Landstraße. Wir folgen ihr nach links bergab und erreichen in **Mengerskirchen** (4.30 Std.) den Ausgangspunkt unserer Wanderung.

Burg, Stadt und Stift

Im Westerburger Land

Heute kaum vorstellbar: Westerburg und Umgebung waren einst als Grafschaft ein selbständiger Staat. Dementsprechend berührt unser Weg geschichtliche Denkwürdigkeiten, aber auch naturkundliche Besonderheiten.

DIE WANDERUNG IN KÜRZE

++ Anspruch

4 Std. Gehzeit

15 km Länge

Charakter: Lediglich die Holzbachschlucht mit ihren schmalen und stellenweise nassen Pfaden ist nicht für jedermann geeignet. Kinderwagen und Rollstuhl können nicht passieren, aber die Schlucht auf der Landstraße oberhalb leicht umgehen.

Wanderkarte: TK 1 : 50 000 L 5512 Montabaur und L 5514 Weilburg

Einkehrmöglichkeiten: Westerburg, Secker Weiher, Seck, Gemünden

Anfahrt: Mit dem Kfz: Über die B 8 von Köln und Limburg bzw. B 255 von Siegen nach Westerburg; **mit öffentlichen Verkehrsmitteln:** Mit der Bundesbahn (Köln–) Au/Sieg–Limburg (–Frankfurt) bis Bahnhof Westerburg; ferner Siershahn–Montabaur–Westerburg. Busverbindungen von Koblenz über Montabaur

Schon im 11. Jh. machten die ›Herren von Westerburg‹ von sich reden. Bereits 1292 erhielt ihr Sitz Stadtrechte. Die Heirat mit einer Gräfin zu Leiningen (Pfalz) machte die Herrschaft zur Grafschaft. Sie blieb räumlich selbst für Westerwälder Verhältnisse klein und umfasste außer Burg und Stadt gerade mal bis zu fünf Dörfer. Als Marktflecken erlangte Westerburg größere Bedeutung. Und wenn gar nichts mehr lief, dann prägte der Graf auch schon mal eigenes Geld.

Das schlichte Schloss (15. u. 18. Jh.) geht auf eine Burg aus dem 12. Jh. zurück. Es kann nicht besichtigt werden. Die Grafen erhielten in der Kirche (16. Jh.) unterhalb des

Holzbach-Schlucht

Schlosses ihre letzte Ruhestätte. Ausstattungsstücke erinnern noch daran. Im Schlossbereich und in der Oberstadt sind noch Spuren der einstigen Stadtbefestigung zu erkennen. Das vorbildlich renovierte Burgmannenhaus (1607) lag in der Nähe des Gemündener Tores. Zum modernen Wahrzeichen geriet die Eisenbahnbrücke (1906/07), die mit 31 m Höhe und 267 m Länge die Talsohle überspannt.

Von der Altstadt in **Westerburg** führt die Hauptstraße bergab und trifft nordwärts auf die Landstraße. Wir halten uns an den Wegweiser nach Winnen (Winner Straße). Von ihr biegt hinter dem Schweitzerhof links ein markierter Wanderweg (weiße »II« auf schwarzem Grund) ab, der uns durch den Forstwald führt bis zur Straße Stahlhofen-Winnen. Schon vorher hatten wir vom Waldrand nach links den Blick über den Golfplatz hinweg auf den Wiesensee bei Stahlhofen. Es geht wie bisher am **Golfplatz** entlang der Wegemarkierung (II) entsprechend weiter über den **Schornberg** (1.15 Std.). Der offizielle Wanderweg zieht nun über den Golfplatz zum Seebachtal hinab, wir aber gehen in südöstlicher Richtung weiter (Markierung vorübergend: »6«) zum Altenhof und zur ›Waldesruh‹ (Kurhaus), wobei jetzt die Wegemarkierung »G 1« maßgeblich ist.

Die Bauten im Erholungsgebiet behindern zunächst den Blick auf die Secker Weiher, deren größter immerhin eine Fläche von 10 ha erreicht. Sie entstanden bereits 1672 und dienten früher den Fürsten von Nassau-Hadamar zur Teichwirtschaft. Ihre Umgebung ist heute den Bedürfnissen des Tourismus angepasst mit Campingplatz, Gaststätte und Wassersportmöglichkeiten (Schwimmen, Rudern, Angeln).

Ruinen erinnern an alte Geschichte. Östlich der Weiher, unweit der Straße nach Hellenhahn liegt die Alte Burg. Es handelt sich um den Rest einer Befestigung aus ottonischer Zeit und bildet ein Zeugnis für das ehrwürdige Alter der Ortschaft. Südlich davon und näher an Seck sind rechts der Straße Mauerreste zu erkennen, die von einem ehemaligen Benediktiner-Nonnenkloster (gegr. 1210) stammen, das im 15. Jh. wegen wirtschaftlicher Schwierigkeiten unterging.

Von der **›Waldesruhe‹** an gehen wir am Waldrand entlang (G 1) und dann nach Süden bis **Seck** (2 Std.), das bereits 1059 aktenkundig ist und damit zu einem der ältesten Orte des inneren Westerwaldes gehört. Den Namen will man sogar aus dem Keltischen = *seckaha* ableiten. Die Grafen von Westerburg verkauften das alte Kirchspiel an die von Nassau-Hadamar, die dann die Entwicklung der Gegend kräftig förderten. Auffallend ist das schöne Fachwerk-Rathaus. Es war ursprünglich ein Jagdschlösschen (1725) des Landesherren, wurde aber 1824 von seinem Standort bei der Klosterruine hierher

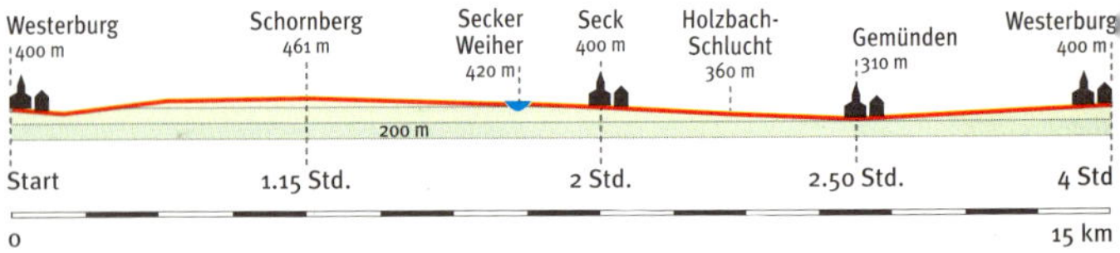

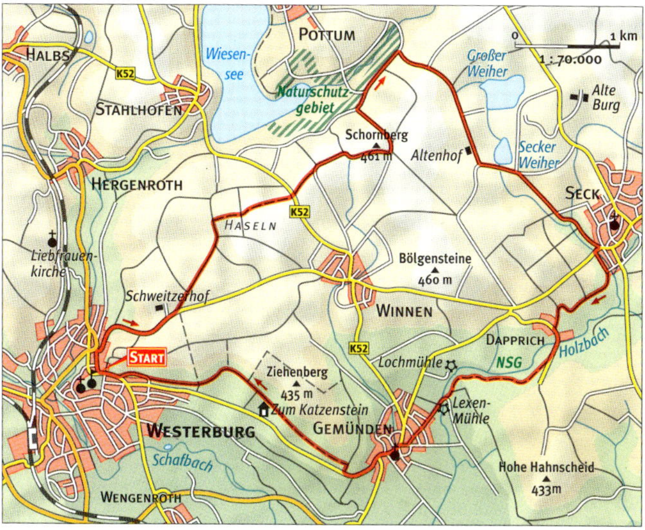

versetzt, um als Schule zu dienen. Am südwestlichen Ortsausgang biegt von der Landstraße (L 300) ein Feld- und Wanderweg (Markierung »G 3«) nach links bergab und führt dann parallel zur Straße südwestwärts, bis er am Waldrand auf den Zufahrtsweg zum **Dappricher Hof** (2.15 Std.) stößt. Vor dem Hof steht ein alter Brunnen, dessen Säule eigentlich ein Grenzstein des ehemaligen Herzogtums Nassau ist, wie man an dem Wappen erkennen kann.

Der **Holzbach,** dem wir nun folgen (G 3), hat auf 1 km Länge ein tiefes Erosionstal im Basalt ausgewaschen. Geringfügige Reste eines Schluchtwaldes machen das Gebiet auch botanisch interessant. Der Weg zwischen des Felsen mag mitunter etwas beschwerlich wirken, entschädigt aber durch ständig wechselnde Landschaftsbilder. Am Ende der Schlucht folgen wir dem Fernwanderweg (Markierung »6«) aus dem Wald hinaus. Jetzt lassen wir das Wegezeichen unbeachtet und gehen an der **Lexen-Mühle** vorbei geradeaus in fast südlicher Richtung auf **Gemünden** zu (2.50 Std.).

Seinen Namen trägt der Ort, weil hier der Holzbach in den Schafbach mündet. Ein Urahn der Konradiner-Könige verlegte 879 ein Chorherrenstift aus dem Taunus an diese Stelle. Es handelt sich um die erste geistliche Niederlassung dieser Art im engeren Westerwald. Sie bestand bis zur Einführung der Reformation. Die romanische Pfeilerbasilika (11. Jh.) und jetzige Pfarrkirche ist einer der vornehmsten Bauten unserer Gegend.

Am westlichen Dorfrand, wo die Straße nach Westerburg zieht, biegen wir am **Wasserbehälter** rechts ab und steigen zum Wald bergan. Wir gehen jetzt am Waldrand entlang in westlicher Richtung weiter. Hinter einem **Wirtshaus** stoßen wir auf den **Katzenstein** (ND), eine imposante Felsgruppe aus Basalt. ›Unter der Lay‹ (Straßenname!) beim Mahnmal haben wir unseren Startpunkt **Westerburg** wieder erreicht (4 Std.).

Tour 20

Wege am Wasser

Unterwegs auf der Westerwälder Seenplatte

Das Gewässernetz läßt nur wenig Zweifel: Niederschläge, um Bäche und Flüsse zu speisen, gibt es offensichtlich zur Genüge. Natürliche Seen weist die ausgedehnte Hochflächenlandschaft dagegen nicht auf. Bei der Westerwälder Seenplatte hat der Mensch der Natur nachgeholfen.

DIE WANDERUNG IN KÜRZE

+ Anspruch

2.30 Std. Gehzeit

10 km Länge

Charakter: Leichte Rundwanderung auf sicheren Ufer- und bequemen Waldwegen ohne nennenswerte Steigungen.

Wanderkarte: TK 1 : 25 000 Ferienland Westerwald Verbandsgemeinden Hachenburg und Selters

Einkehrmöglichkeit: keine unmittelbar an der Strecke

Anfahrt: Mit dem Kfz: Von Norden (Raum Altenkirchen) oder Süden (Raum Limburg/Montabaur) jeweils über die B 8 bis Freilingen und von dort nach Dreifelden; **mit öffentlichen Verkehrsmitteln:** ungünstig

Hinweise: Für Vogelbeobachtungen auf den verschiedenen Gewässern unbedingt ein leistungsfähiges Fernglas sowie ein Bestimmungsbuch mitnehmen.

Wir beginnen unsere Wanderung an der **Kirche** in **Dreifelden** am Ostrand der Seenplatte. Das kleine Dorf erhielt seinen Namen offenbar nach den früheren grundherrlichen Besitzverhältnissen. Der Dreiherrenstein unweit des Ortes markiert den Grenzpunkt, an dem die Territorien der Erzbistümer Köln und Trier sowie die Grafschaft Wied bzw. Sayn-Hachenburg zusammentrafen. Die ortsbildbeherrschende, im Kern romanische Dorfkirche von Dreifelden ist eine der ältesten Steinkirchen des Westerwaldes und – für diesen Raum ungewöhnlich – nicht mit Westturm, sondern mit einem Chorturm ausgestattet.

Von der Dreifelder Kirche gehen wir ein paar Schritte der Dorfstraße

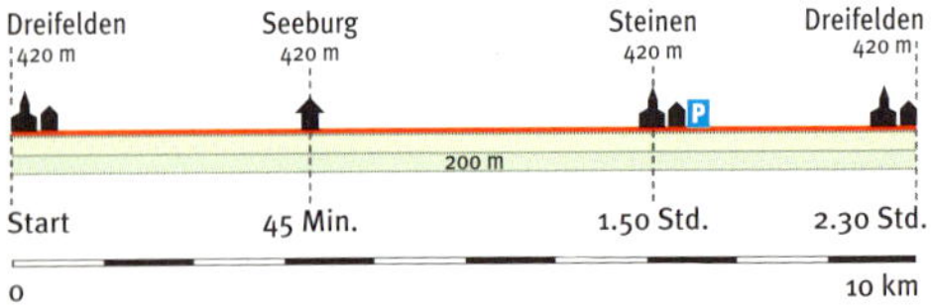

entlang in südliche Richtung und biegen dann rechts in einen schmalen Weg ein. Der kleine Dorfbach, auf den wir nach ein paar Metern stoßen und der sich zwischen Häusern und Höfen hindurchschlängelt, ist die junge Wied. Sie hat hier gerade knapp 2 km Fließstrecke hinter sich, nachdem sie die heute gefasste Quelle an der Straße zwischen Linden und Lochum verlassen hat. Wir folgen dem schmalen Weg entlang des Baches und erreichen hinter den nächsten Häusern den Uferrundweg um den **Dreifelder Weiher** (= Seeweiher), auf den wir nach rechts einbiegen und dann für die nächsten 2 km geradeaus bleiben.

Der Blick auf die ausgedehnte, glänzende, bei 420 m ü. NN vor uns liegende Wasserfläche des 123 ha großen Seeweihers führt zwangsläufig zur Frage, warum es hier auf den Westerwaldhöhen überhaupt eine Seenplatte gibt. Während Dutzender von Jahrmillionen hat die Verwitterung auch im Westerwald das ursprünglich hoch aufragende Schiefergebirge bis auf seinen unterdevonischen Sockel abgeschliffen. Die abgeschwemmte Verwitterungsrinde sammelte sich in weiten Senken und baute mächtige, den Untergrund abdichtende Tonlagerstätten auf. Dennoch gibt es im Westerwald von Natur aus keine größeren Stillgewässer und heute auch keine Verlandungsmoore mit Torflagern mehr. Die im Städtedreieck Dierdorf-Hachenburg-Westerburg als Westerwälder bzw. Nassauische Seenplatte eingetragenen Gewässer bilden da keine Ausnahme, denn sie sind künstlich aufgestaut. Ursprünglich war dieses Gebiet wohl von ertragsarmen Nasswiesen und Feuchtmulden durchzogen. Die alte Handelsfernverbindung Hohe Straße von Köln nach Frankfurt (heute B 8) um-

geht das Gebiet in deutlichem Abstand.

Von Dreifelden geht unser Weg zunächst durch offenes Wiesengelände. Anfangs verwehren die hochwüchsigen Schilfbestände und Uferweiden den Blick auf die freie Wasserfläche, lassen aber mit ihrem vielfältigen Kleintierleben (beispielsweise verschiedenfarbige Libellen von Streichholz- bis Fingerlänge) bereits erahnen, daß dieses Gebiet neben landschaftlichen auch besondere naturkundliche Überraschungen bereithält.

Bald erreichen wir das bewaldete **Nordufer** (30 Min.), wo ein kleiner

Fast wie ein Stück Norddeutschland: Blick über den Dreifelder Weiher (Seeweiher)

Sperrdeich die Stauhaltung gewährleistet. Nachdem wir das nur etwa 150 m breite Gewässerende umrundet haben, queren wir kurz nach der Einmündung der Fahrstraße von Schmidthahn nach Dreifelden an der Nordwestecke erneut die Wied – sie bildet hier den Auslauf des Seeweihers. In weitem Bogen fließt sie von hier weiter in nordwestlicher Richtung bis Altenkirchen, wendet sich dann erst nach Westen und ab Neustadt nach Süden, ehe sie nach insgesamt 65 km Tallänge, in der Luftlinie aber nur 30 km vom Seeweiher entfernt, unmittelbar vor dem wiedischen Schlosspark in Neuwied den Rhein erreicht.

Unser Uferrundweg trifft nun auf den Kölner Weg des Westerwaldvereins (Markierung »K«), gleichzeitig Teilstrecke des Europäischen Fernwanderweges Nr. 1 Nordsee–Bodensee–Mittelmeer (Markierung: weißes Andreaskreuz »X« auf schwarzem Grund). Wir biegen hier links ein und behalten »K« und »X« jetzt für etwa 4 km als Wegmarke bei. Nach wenigen Schritten haben wir **Campingplatz** und Badeanstalt am Nordwestufer hinter uns, beides offenbar unvermeidbare Zugeständnisse an die touristische Nutzung des Gebietes, denn der Nordteil des Seeweihers steht im Gegensatz zum Südteil nicht unter Naturschutz und ist für allerhand wassersportliche Aktivitäten freigegeben.

Linkerhand, etwas abseits von Fahrstraße und Wanderweg, liegt der 16,3 ha große Hofmannsweiher, ein Naturschutzgebiet, in dem eine interessante Flora und Fauna zur Entfaltung kommen. Bald erreichen wir das große **Gehöft Seeburg** (45 Min.), seit Jahrhunderten ein wiedisches Hofgut, von dem aus der bekannte Forschungsreisende Maximilian Prinz zu Wied (1782-1867) gerne seine Jagdausflüge unternahm.

Wenige Schritte weiter stehen wir auf dem baumgesäumten **Stauwehr** des 29 ha großen **Haidenweihers,** der ebenfalls Naturschutzgebiet ist. Wo uns nach dem Verlassen des Haidenweihers dichter Nadelforst aufnimmt, vertrauen wir uns nach rechts abbiegend der Wegemarkierung »X« bzw. »4« an. Nach etwa 250 m biegt der Hauptwanderweg »X« wieder nach links und bringt uns nach knapp 1 km zur **Straße Dreifelden-Steinen.** Wir folgen dem Zeichen nach rechts etwa 100 m entlang der Straße und dann nach links in den dichten Hochwald.

Abschnittweise können wir jetzt schon die Wasserfläche des zur Freilinger Gruppe gehörenden **Brinkenweihers** (21,4 ha Fläche) sehen, den wir nun umrunden. Auch dieser Weiher steht unter Naturschutz. Ein breiter Röhrichtgürtel umgibt das Gewässer, in das von Norden und Westen zwei weidenbestandene Halbinseln hineinragen und malerisch untergliedern. Nach rund 800 m biegen wir mit dem bisher geradlinig verlaufenden Waldweg scharf nach rechts ab (Markierung »II«). Er führt uns nun geradewegs auf den schmalen Steg zwischen dem Südufer des Brinkenweihers und dem anschließenden 12 ha großen, als Wassersportgebiet genutzten **Postweiher.** Wir wenden uns am Wegende nach rechts auf den straßenparallelen Fahrweg bis zum Dorf **Steinen** (1.50 Std.), bewundern unterwegs den stillen Brinkenweiher vor seiner geschlossenen Waldkulisse und nehmen hinter dem **Parkplatz** am östlichen Ortsrand den nach rechts in die Fluren abzweigenden Weg, der schon bald in den hohen Fichtenbestand eintaucht. Nach etwa 1 km queren wir den Hauptwanderweg, auf dem wir zuvor in südlicher Richtung zum Brinkenweiher gewandert sind. Nach weiteren 300 m erreichen wir die Fahrstraße nach Seeburg, biegen hier nach rechts ab und gehen bis zum **Wanderparkplatz.** Hier biegen wir noch vor der Straßeneinmündung scharf nach links Richtung Dreifelden ab und erreichen auf schmalem Weg (Markierung »D1«) nach einem kurzen Abschnitt durch Fichtenbestand die offene Flur vor dem **Südufer des Seeweihers.** Links vor uns breitet sich ein besonders ausgehnter Röhrichtgürtel aus, hier und da durchsetzt von größeren Strauchweiden. Weiter im Hintergrund über dem jenseitigen Ufer bildet die wiedische Seeburg einen markanten Blickpunkt.

Im sehr ruhigen Südteil des Seeweihers kann man fast zu allen Jahreszeiten mit einem guten Fernglas zahlreiche Wasservögel erleben. Für die Beobachtung sind die Morgen-

oder Spätnachmittagstunden besonders ergiebig, denn tagsüber halten sich viele Tiere im Röhricht auf. Hier sind im Sommerhalbjahr alle heimischen Rohrsänger-Arten zu erwarten, und dazu brüten auch Zwergtaucher, Zwergdommel sowie Wasserralle. Auf den Wasserflächen (auch der kleineren Weiher) sind während der Durchzugzeiten im Frühjahr oder Herbst gelegentlich Pracht- und Rothalstaucher zu beobachten. Deutlich zahlreicher sind die verschiedenen Entenarten vertreten, wie z. B. Samt-, Spieß-, Pfeif-, Tafel-, Schell-, Krick-, Reiher- und Schnatterente.

Kurz vor Dreifelden verläuft der Rundweg wieder in größerer Ufernähe. Durch einen kleinen Stichpfad erreicht man hier eine im Ufergebüsch gut versteckte **Beobachtungskanzel.** Sie bietet nicht nur einen prächtigen Überblick über die gesamte Seefläche, sondern auch hervorragende Einblicke in die Vogelwelt. Wenn der Seeweiher im Herbst zum Abfischen von Karpfen, Hechten, Schleien, Zandern und Welsen abgelassen wird und anschließend die ufernahen Schlammböden längere Zeit freiliegen, finden sich gleich scharenweise durchziehende Watvögel ein, die man von hier aus besonders gut beobachten kann, beispielsweise Rotschenkel und Alpenstrandläufer, Kampfläufer, Regenpfeifer und Brachvogel, Bruch- und Waldwasserläufer. Im Winter, wenn der Wasserspiegel der abgelassenen Teiche allmählich wieder ansteigt, sind gelegentlich auch Sing- oder Zwergschwan zu Gast.
Von der Beobachtungskanzel gehen wir zum Uferrundweg zurück und erreichen hinter der breiten Holzbrücke über die Wied den Ausgangspunkt bei der **Dreifelder Dorfkirche** (2.30 Std.).

Die Westerwälder Seenplatte

Streng genommen sind die heutigen Gewässer der Westerwälder Seenplatte nicht einmal richtige Seen und eigentlich auch keine Weiher, sondern – da in Quellmulden künstlich angelegt und mit Stauwehren gesichert – besonders groß bemessene Teiche von knapp 10 bis über 100 ha Flächeninhalt und jeweils nur wenigen Metern Tiefe.

Schon im Mittelalter waren hier im flachwelligen, muldenreichen Wasserscheidegebiet von Wied, Sayn und Nister Fischteiche aufgestaut, weil das ständig nasse Wiesengrünland anderweitig nicht zu nutzen war. Immerhin fallen hier im Regenstau vor den Kuppen des Hohen Westerwaldes jährlich bis zu 1000 mm Niederschläge. Ihre heutige Größe und Gestalt erhielten die Fischteiche erst auf Veranlassung der Grafen von Wied im 17. Jh. unmittelbar nach dem Dreißigjährigen Krieg.

Insgesamt sieben größere und zwei kleinere Gewässer in drei Gruppen umfasst diese landschaftlich reizvolle Seen- bzw. Teichplatte im Randbereich des Hohen Westerwaldes.
Die seit Jahrhunderten bestehende Westerwälder Seenplatte ist eine hochrangige Kulturlandschaft und zugleich ein überzeugendes Beispiel dafür, dass sich gerade in der Folge gezielter Eingriffe in die Landschaft außerordentlich wertvolle Lebensräume entwickeln können, wenn dafür die Rahmenbedingungen günstig sind. Die heute als Naturschutzgebiete ausgewiesenen Weiher(bereiche) mit ihren Uferpartien sehen zwar aus wie unverfälschte Urnatur, sind jedoch tatsächlich Paradiese aus zweiter Hand.

»Salz soll lebe', Bilkheim aach!«

Im Schatten von Schloss Molsberg

Der anektodenhafte Spruch in heimischer Mundart mag das Lebensgefühl unterstreichen, das im Schatten von Schloss Molsberg gedieh. Wir durchstreifen zu Fuß eine der alten Herrschaften im Westerwald: abwechslungsreich und leicht zu bewältigen.

DIE WANDERUNG IN KÜRZE

+
Anspruch

3.15 Std.
Gehzeit

11 km
Länge

Charakter: Die Wanderung ist für alle geeignet und enthält keine besonderen Schwierigkeiten. Nur am Salzbach verengt sich der Weg, so dass ein Durchkommen mit Kinderwagen oder Rollstuhl problematisch sein kann.

Wanderkarte: TK 1:50 000 L 5512 Montabaur

Einkehrmöglichkeiten: Wallmerod, Molsberg, Salz, Bilkheim, Berod, Wallmerod

Anfahrt: Mit dem Kfz: Über die B 8 von Köln und Limburg bis Wallmerod; **mit öffentlichen Verkehrsmitteln:** Bahnhof Wallmerod an der Bundesbahnstrecke Siershahn–Limburg

Seit **Wallmerod** besteht, hat die frühere ›Hohe Straße‹ zwischen Köln und Frankfurt, die in etwa dem Verlauf der B 8 entspricht, den Ort bestimmt. Ein spätgotisches Haus mit Treppenturm (16. Jh.) in der Kirchstraße, und ein Fachwerkhaus (1709) in der Hauptstraße sowie die Zentscheune verdienen Beachtung. Am **Dorfbrunnen** brechen wir auf und folgen zunächst der Straße nach Molsberg. Gleich am Ortsrand lassen wir die Straße halblinks weiterziehen und wählen statt dessen den Fahrweg rechts zu den Sportanlagen, an denen wir vorbei- und geradeaus weiter auf den bewaldeten Eichberg zugehen. Wir treffen auf den querverlaufenden Wanderweg nach Molsberg, dem wir aber nicht folgen. Zwar wenden wir uns links, biegen aber sofort wieder in scharfem Knick nach rechts ab und wählen den ansteigenden Weg in den Wald, wo wir auf den ersten Weg links abbiegen. Der Blick nach Nordwesten erfasst die Kulisse des Oberwesterwaldes. Nun gehen wir am Wasserbehälter vorbei und steigen bald rechts abbiegend den **Eichberg** hinan. Der Weg umrundet die Kuppe. Wir kürzen jedoch ab und wählen links den abbiegenden Fußpfad zur **Waldkapelle** am Südosthang des Eichberges (40 Min.). Hier öffnet sich ein lohnender Ausblick über den Rand des Unterwesterwaldes hinaus ins Limburger Becken. Etwas unterhalb der Kapelle biegen wir links ab und gehen ostwärts weiter bis an die Landstraße, der wir nach links bis nach **Molsberg** (1 Std.) folgen.

bald dieser sich gabelt, wenden wir uns nach links und folgen dem Weg »Mo 1«, der uns nordwärts durch die Wiesen geradeaus in den **Struthwald** hineinführt. Der Waldweg mündet nach 600 m auf den offiziellen Wanderweg (weiße »III« auf schwarzem Grund); diesem folgen wir nach rechts. Sobald wir den **Salzbach** überquert haben, zieht der markierte Weg nach rechts ostwärts weiter, wir aber biegen schon kurz darauf auf den ersten links abzweigenden schmalen Pfad ab, der uns wieder in nördliche Richtung führt. Er mündet am Waldrand in einen Feldweg, dem wir bis zum ersten Querweg folgen, wo wir uns nach links wenden. Durch die Fluren am Südhang des **Häuserberges** gelangen wir in nordwestlicher Richtung nach **Salz** (2.15 Std.)

Schon 1116 wird eine Burg Moldersberg erwähnt, die zur Sicherung der mittelalterlichen Fernstraßen dienen sollte. Kurtrier wandelte schließlich die veraltete Burg in das heutige Schloss (1768) um, das aber unvollendet blieb. Die Schlosskapelle kann nach Voranmeldung besichtigt werden. Die Ortschaft besitzt hübsche Fachwerkhäuser, besonders das **Schultheißen-Haus** (1688) gleich beim Schloss.

Unterhalb des Schlosses zweigt westwärts die Straße nach Wallmerod ab, wir aber halten uns rechts. Etwa in Höhe des Friedhofs genießen wir die Aussicht nach Norden und bekommen einen Eindruck vom weiteren Verlauf unseres Weges. So-

Durch seine Lage wirkt der Ort irgendwie imposant. In der Tat ist Salz eine der ältesten Kirchengründungen (vor 1150) des Westerwaldes und war vorübergehend sogar Sitz eines Chorherrenstiftes (1255–89). Das erklärt die reiche Ausstattung des Bauwerkes, dessen Besichtigung wir auf keinen Fall versäumen sollten. Hochaltar und sechs Bildwerke im Langhaus stammen aus der Hadamarer Schule (18. Jh.). Einer der beiden Bildnisgrabsteine beeindruckt durch die realistische Darstellung des Verstorbenen. Schöne Balkenschnitzereien trägt das alte Fachwerkhaus gleich neben der Kirche.

Wir setzen unsere Wanderung fort, indem wir das Sträßchen nach

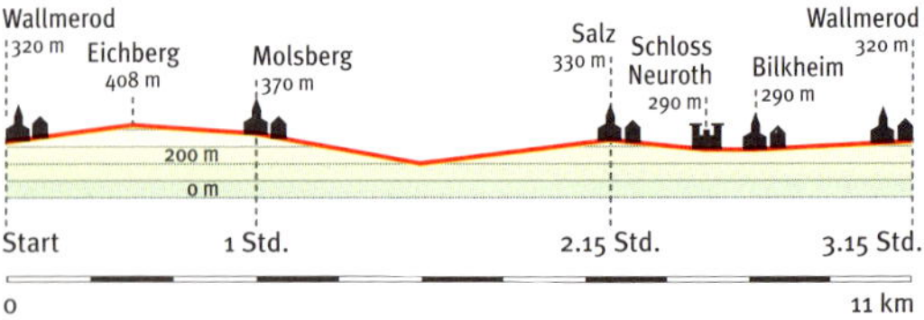

Hof Neuroth bei Bilkheim – einst als Wasserschloss errichtet

Bilkheim benutzen, das gleich westlich von der Kiche zu unserem nächsten Ziel führt. Die beiden kunstvollen Wegekreuze am Ortsrand wehen etwas von barocker Frömmigkeit in den angeblich so rauhen Westerwald. Im Rückblick wird noch einmal die herausragende Lage der Kirche St. Adelphus (nicht: Adolphus!) deutlich, die wir soeben besichtigt haben.

Vor uns erblicken wir links im Wiesengrund unter mächtigen Bäumen **Hof Neuroth.** Er war 1687 als Wasserschloss errichtet worden und ist eines der wenigen Beispiele dieser Art im Westerwald. Eine Besichtigung des Privatbesitzes ist nicht möglich. Wir sollten aber näher herangehen, um die in der Gegend so seltene Situation genauer zu betrachten. Die offizielle Zufahrt führt im letzten Drittel der Straße zwischen Salz und Bilkheim links ab. Wir können aber auch vorher schon einen der beiden Wirtschaftswege wählen, über die wir am Hof vorbei und wieder zu unserer Straße zurückgehen.

Wir setzen auf der Landstraße die Wanderung fort bis **Bilkheim** (2.45 Std.). Hier wählen wir zunächst die Richtung zum ›Bahnhof Wallmerod‹. Hinter dem Wasserbehälter rechts der Straße stoßen wir auf die Wegemarkierung (weiße »5« auf schwarzem Grund), der wir links in den Feldweg abbiegend folgen. Die bezeichnete Route geleitet uns direkt nach **Wallmerod** zurück (3.15 Std.).

Tour 22

Über deinen Höhen ...

Auf und um die Fuchskaute

Das Soldatenlied vom schönen Westerwald hat diese Gegend im Auge. Für sie kam vor eintausend Jahren auch erstmals der Name auf, der heute die gesamte Landschaft zwischen Rhein, Lahn und Sieg bezeichnet.

DIE WANDERUNG IN KÜRZE

+ Anspruch

4.30 Std. Gehzeit

16 km Länge

Charakter: Obwohl der Weg die höchsten Punkte des Westerwaldes erreicht, ist er bis auf gelegentliche, aber kurze Steigungen einfach.

Wanderkarte: TK 1 : 50 000 L 5314 Dillenburg, Sonderkarte 1 : 20 000 »Ferienland Westerwald«

Einkehrmöglichkeiten: Waldaubach, Fuchskaute, Rabenscheid, Heisterberger Weiher

Anfahrt: **Mit dem Kfz:** A 45 bis Abfahrt Haiger-Burbach, dann B 54 und B 414 bis Waldaubach; von Herborn B 255; **mit öffentlichen Verkehrsmitteln:** Omnibusverbindungen von Haiger, Herborn und Koblenz

Unser Ausgangsort **Waldaubach** ist mit 583 m nach Stein-Neukirch das am höchsten gelegene Dorf des Westerwaldes. Hier nimmt das naturkundlich so interessante Aubach-Tal seinen Anfang. In nordwestlicher Richtung führt ein befestigter Weg aus dem Ort in die Feldflur hinaus. Hier beginnt unsere Wanderung. Nach etwa 300 m gabelt sich der Weg und wir wenden uns links, wo wir nach 800 m westlich auf einen Fichtenstreifen (›Pilgermauer‹) stoßen. Noch zieht unser Weg geradeaus, biegt dann nach links ab in das Gehölz hinein und nach einer Rechtsbiegung wieder aus diesem hinaus. Am Waldrand entlang verläuft hier, soweit wir blicken können, die Landesgrenze zwischen Hessen und Rheinland-Pfalz.

Derartige ›Schutzhecken‹, wie wir sie hier finden, sind für den Hohen Westerwald typisch. Nachdem über Jahrhunderte hinweg an den Wäl-

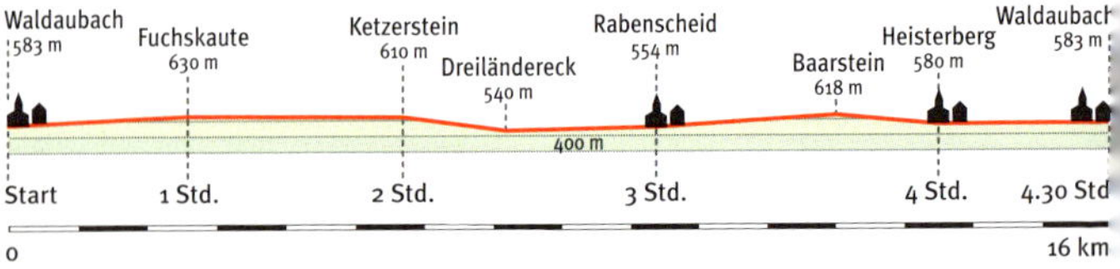

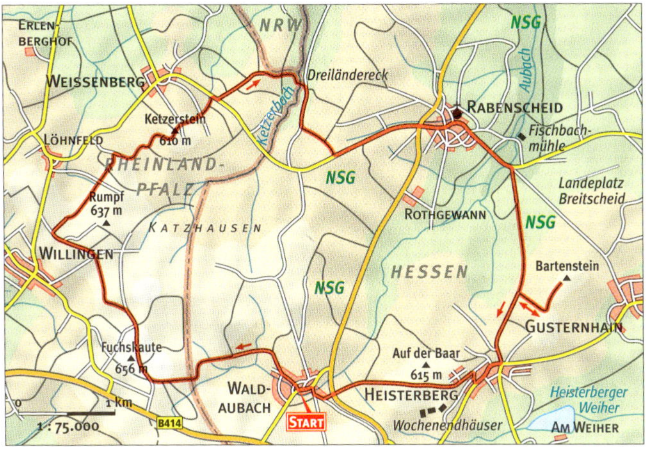

dern Raubbau betrieben worden war und die Landschaft infolgedessen entwaldet war, begann die Nassauische Regierung im vorigen Jahrhundert mit der Anpflanzung schmaler Fichtenstreifen, um der Erosion durch den Wind entgegenzuwirken.

Wir gehen westwärts weiter und über ein Wiesenstück bergan. Beim **Wasserbehälter** treten wir wieder in Nadelwald. Sobald wir ihn verlassen haben, befinden wir uns bereits auf dem Gipfelplateau der **Fuchskaute** (1 Std.). Sie ist mit 656 m die höchste Erhebung des Westerwaldes und bietet uns einen umfassenden Ausblick nach Süden und Südwesten. Der Sendemast im Vordergrund des Panoramas steht bei Bad Marienberg. Die Bergwälder am Horizont bezeichnen bereits die Montabaurer Höhe.

Die **Wegespinne** beim Funkturm zeigt, wie viele Fernwanderwege hier zusammentreffen und erleichtert uns die Orientierung. Wir wenden uns zunächst nach Norden und wählen den markierten Weg (weiße »I« auf schwarz, L 5, N 2) die Wiesen hinab und in das Fichtenwäldchen. Jenseits desselben geht es durch die Feldflur nordwärts, wobei nur bei dem Fahrweg ein kurzer Knick nach links die Richtung vorübergehend ändert. Wir stoßen auf die mit Fichten bestandene Anhöhe **Rumpf** (636 m). An der dortigen Weggabelung wenden wir uns nach rechts und folgen nun der für uns neuen Markierung (weißes »X« und weiße »7« auf schwarz) zunächst 350 m nach Osten. Dann wechselt der Weg wiederholt die Richtung zwischen Nordwest und Nordost; unser Wegzeichen (weißes »X«) lotst uns dabei sicher über alle Abzweigungen hinweg. Die Richtungsänderung erfolgt noch im Freien, später durchqueren wir ein Fichtengehölz, an dessen Rand wir weitergehen, bis die Markierungen uns durch ein Wiesenstück abermals in ein Fichtengehölz führen. Nach dessen Durchquerung stehen wir am Waldrand oberhalb von Weißenberg am **Ketzerstein** (2 Std.). Grober Blockbasalt vereinigt sich zu einer Felsgruppe (ND), die manche als heidnischen Opferaltar deuten wollten. Vor unseren Augen breitet sich der Dill-Wester-

Schutzhecken im Hohen Westerwald

wald mit den nordöstlich angrenzenden Höhen aus.

Wir folgen nun dem Weg mit dem Wegzeichen »I« (auch »M 3«) in östlicher Richtung, überqueren die **Kreisstraße Weißenberg-Rabenscheid** (K 38) und gehen jenseits geradeaus weiter, bis uns eine neue Wegemarkierung (weiße »7« auf schwarz), nach rechts bis zum ›Dreiländereck‹ lotst. Hier im Wald am Ketzerbach stoßen nämlich die Ländergrenzen von Hessen, Nordrhein-Westfalen und Rheinland-Pfalz zusammen.

Wir folgen dem bezeichneten Weg (Markierung weiße »7«) für gute 500 m in südliche Richtung und nehmen links den Feldweg als Abkürzung zur Straße, der wir links auf 1,3 km bis nach **Rabenscheid** folgen (3 Std.). Den Ort verlassen wir auf der Straße nach Breitscheid, die aber nach ca. 500 m vor einem Fichtengehölz ostwärts abbiegt, während wir auf den Fahrweg rechts abbiegen. Den Weg geradeaus am Wand entlang lassen wir unbeachtet. Nach weiteren 500 m durchqueren wir ein Gehölz und bemerken links den **Ba(a)rstein** (fälschlich: Bartenstein). Der kleine **Abstecher** über den bald links abzweigenden Feldweg (700 m) zur Anhöhe ist empfehlenswert, denn diese Basaltfelsen stehen unter Naturschutz. Zum Fahrweg zurückgekehrt gehen wir in der bisherigen Richtung weiter nach **Heisterberg** (4 Std.).

Ein Bad im Heisterberger Weiher südlich des Ortes (500 m) oder eine Bootsfahrt mögen einen heißen Wandertag angenehm beschließen. Gegenüber liegt südlich der Bundesstraße (B 255) der Höllkopf (643 m), der in Ergänzung zum genannten Angebot Wintersportmöglichkeiten anbietet, falls sich denn im relativ milden rheinischen Klima wirklich einmal eine ausreichende Schneedecke ausbilden sollte.

Zurückgekehrt ins Dorf Heisterberg von einem eventuellen erfrischenden Bad im Weiher gehen wir oberhalb der Wochenendhäuser links von der Zufahrtsstraße zur B 255 nach Westen und durch das Waldstück unterhalb der Anhöhe **Auf der Baar** nach **Waldaubach** zurück (4.30 Std.).

Im Kernland des Westerwaldes

Von Nister-Möhrendorf zur ›Neukirch‹

Hier fing es vor eintausend Jahren an mit dem Westerwald! Dieser ›Wald westlich von Herborn‹ ist Ziel unserer Wanderung. So ganz anders, als man erwartet, erfasst unser Auge eine eher flachwellige Hochebene, aus der die höchsten Erhebungen wie unscheinbare Buckel hervortreten.

DIE WANDERUNG IN KÜRZE

+ Anspruch

4 Std. Gehzeit

16 km Länge

Charakter: Die Anstiege nach Neukirch und zum Salzburger Kopf stellen die einzigen Herausforderungen an völlig Ungeübte dar.

Wanderkarte: TK 1:50 000 L 5314 Dillenburg, L 5312 Betzdorf

Einkehrmöglichkeiten: in allen Ortschaften

Anfahrt: Mit dem Kfz: Über die B 414 von Herborn oder die B 54 von Siegen und Limburg nach Nister-Möhrendorf; Parkplatz im Ortszentrum; **mit öffentlichen Verkehrsmitteln:** Mit der Buslinie Burbach-Rennerod bis Emmerichenhain

Vom **Parkplatz** in der Ortsmitte von **Nister-Möhrendorf** (Info-Tafel) gehen wir ein Stück die Bundesstraße (B 414) in Richtung Hachenburg und biegen am Ortsrand rechts ab. Der markierte Weg (N 1) führt uns schnurgerade nach Norden zum Teil noch durch sumpfige Niederungen, wie sie für den Hohen Westerwald einst typisch waren, Richtung Bretthausen (30 Min.). Auf halbem Weg kommen wir durch eine der charakteristischen ›Schutzhecken‹ (vgl. Route 22). Etwa 750 m östlich von Bretthausen befindet sich an der Straße nach Willingen die Quelle der Nister, die unser erstes Ziel ist.

Dazu biegen wir am Ortsanfang von **Bretthausen** (30 Min.)rechts ab auf den Weg, der uns durch den kleinen Weiler hindurchführt, bis wir am Ende auf die Landstraße nach Willingen (K 37) treffen. Dieser folgen wir nach rechts, wo wir nach ca. 500 m auf die **Nisterquelle** (45 Min.) stoßen. Auf gleichem Weg gehen wir zurück in den Ort hinein.

Indem wir im Bretthausen unsere Richtung beibehalten, bringt uns die Nebenstraße dann nord-westwärts steil bergan nach **Stein-Neukirch** (1.15 Std.). Die ›Neukirch‹ (1287) liegt an beherrschender Stelle, die noch heute die ursprüngliche Rolle der Örtlichkeit als Straßensicherung erkennen lässt.

Auf dem Kirchhof fallen alte schmiedeeiserne Grabkreuze angenehm auf. Man hat einen großartigen Blick über ›Schutzhecken‹ und karge Triften hinweg zu den höchsten Erhebungen des Westerwaldes.

Wir nehmen nun die Straße in Richtung Stein, die südlich der Kirche nach Westen abzweigt. Von ihr biegt nach 300 m links ein Weg (Markierung »L 6«) zum **Salzburger Kopf** ab. Der Rundblick reicht bis zum Rothaargebirge und zum Taunus, bis zum Siebengebirge und zum Hunsrück.

Von der Anhöhe gehen wir auf dem mit »L 3« markiertenWeg südwärts an zwei Fichtenbeständen vorbei und dann scharf rechts direkt auf **Salzburg** (1.30 Std.) zu. Der Name des Ortes leitet sich von ›Saalberg‹ ab, der früheren Bezeichnung des Salzburger Kopfes. Am örtlichen Wanderparkplatz informiert eine Tafel über die örtlichen Rundwanderwege. Wir gehen unserem Wegezeichen (L 3) nach in südöstlich Richtung über die Bundesstraße hinweg und folgen dem markierte Wanderweg (jetzt »6«, anfangs auch noch »L« 3, dann »K 1«) südwärts durch Wiesen und Feld und schließlich durch Wald bis zur **Straße Oberroßbach-Zehnhausen,** der wir dann nach links bis **Zehnhausen** folgen (2.30 Std.).

Mitten im Ort geht es rechts ab, an der **Kläranlage** vorbei, auf dem Wanderweg mit den Markierungen »l« und »2« durch Wiesenland nach Süden. Allmählich steigt unser Weg leicht zum Wald am **Mörferberg** an, fällt dann wieder nach Südosten ab und zieht dann durch den Wiesengrund nach **Emmerichenhain** (3 Std.).

Damit ist die zweite Örtlichkeit erreicht, die in der Urkunde von 1048 erwähnt wird, in der zum ersten Mal der Name Westerwald auftaucht. Seinen Aufschwung erlebte der Ort jedoch erst viel später als Markt und Gerichtssitz von Nassau-Beilstein. Die Kirche mit ihrer barocken Ausstattung ist sehenswert. Nicht weit von hier erinnert ein Denkmal an den nassauischen Regierungsrat Albrecht, der 1837 erste ›Schutzhecken‹ gegen Winderosion anpflanzen ließ.

Wir verlassen den Ort wieder über die Bundesstraße, über die wir gekommen sind. Zwischen den letzten Häusern am nördlichen Ortsrand führt von der B 54 nach Siegen rechts ein Wanderweg (l, 2) in nordöstlicher Richtung nach Waigandshain; diesem vertrauen wir uns an. Rechts von uns fließt der Breitenbach, der ein Stück oberhalb in Sichtweite zu einem See aufgestaut ist, der von Anglern und Ornithologen geschätzt wird. Bei entsprechender Passion sollte man hier eine Rast einplanen. Sonst geht es in der eingeschlagenen Richtung weiter bis **Waigandshain** (3.30 Std.).

Der Ort besitzt neben dem benachbarten Rehe den einzigen Fachwerk-Mehrzweckbau mit Kirche und Bürgermeisteramt im rheinland-pfälzischen Westerwald (1725). Im hessischen Westerwald dagegen

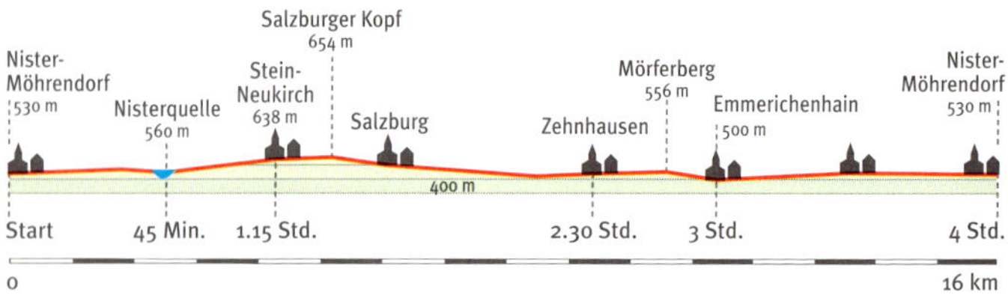

ist dieser Gebäudetyp weit verbreitet.

Statt die Landstraße als kürzeste Verbindung zum Ausgangspunkt unserer Wanderung zu wählen, gehen wir in der Ortsmitte von Waigandshain in nordöstlicher Richtung aus dem Dorf durch die Wiesen zum **Salzstein** (Markierung »P 1«). An den Fichten angekommen, ignorieren wir jetzt die Markierung, die nach rechts weist, und gehen stattdessen nordwärts durch die Wiesen bis zum Ende des Weges kurz vor dem ›Wehrholz‹-Wald. Hier biegen wir nach links ab und treffen 200 m vor **Nister-Möhrendorf** (4 Std.) wieder auf die Straße, die uns zu unserem Ausgangpunkt zurückbringt.

Tour 24

›Berg der heiligen Maria‹

Bad Marienberg und Umgebung

Naheliegend, dass es im Westerwald auch Kneipp-Bäder geben muss. Wald und Wasser sind reichlich vorhanden und kostenlos, das Reizklima fast Dauerzustand. In der Umgebung Bad Marienbergs unterwegs zu sein, ist aber nicht nur gut für die Gesundheit, sondern erschließt ein Kerngebiet des Westerwaldes.

DIE WANDERUNG IN KÜRZE

++ Anspruch

4 Std. Gehzeit

15 km Länge

Charakter: Das tief eingefurchte Nistertal bereitet in dem betreffenden Wegabschnitt durch Steigungen Ungeübten einige Mühe. Im übrigen Teil sind die Wege bequem.

Wanderkarte: TK 1 : 50 000 L 5312 Betzdorf, Wanderkarte 1 : 20 000 »Urlaubspark Hoher Westerwald«

Einkehrmöglichkeiten: in allen Orten

Anfahrt: Mit dem Kfz: Über die B 414 von Altenkirchen und Herborn; **mit öffentlichen Verkehrsmitteln:** Mit der Bundesbahn über die Strecke (Köln–) Au/Sieg–Limburg bis zum Bahnhof Erbach; Busverbindungen: Koblenz–Montabaur–Westerburg–Bad Marienberg; ferner in Richtung Burbach, Rennerod und Hachenburg

Marienberg, der ›Berg der heiligen Maria‹, ist seit 1248 aktenkundig. Die Kirche spielte bei der mittelalterlichen Erschließung der Landschaft eine Rolle. Als Sitz eines nassauischen Amtes (1782) und Sitz einer Kreisverwaltung (bis 1932) konnte der Ort Pluspunkte sammeln, die 1939 durch die Verleihung der Stadtrechte belohnt wurden. Der Höhenluftkurort (1936) darf sich seit 1969 Kneipp-Heilbad nennen. Den Ortskern umfließt die Schwarze Nister. Folgt man ihr etwa 2 km bachaufwärts ragt im Wald bei Nisterau-Bach das Pfaffenmal (ND) empor, ein Basaltkegel, dessen Säulen in Meilerstellung angeordnet sind. Auch der ehemalige Basaltbruch in seiner Nähe vermittelt zum Teil gutten Einblick in die Struktur des Gesteins.

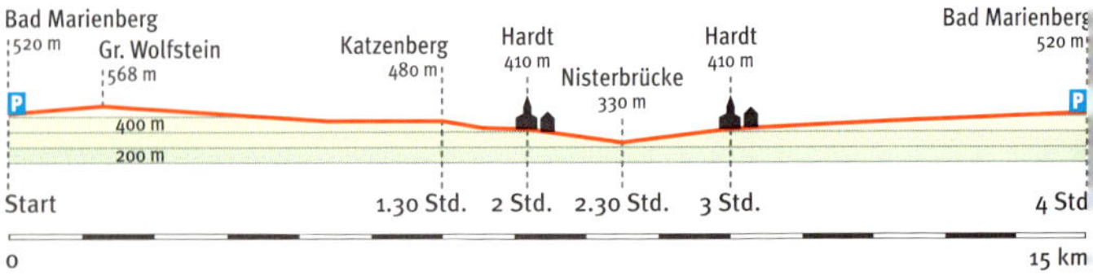

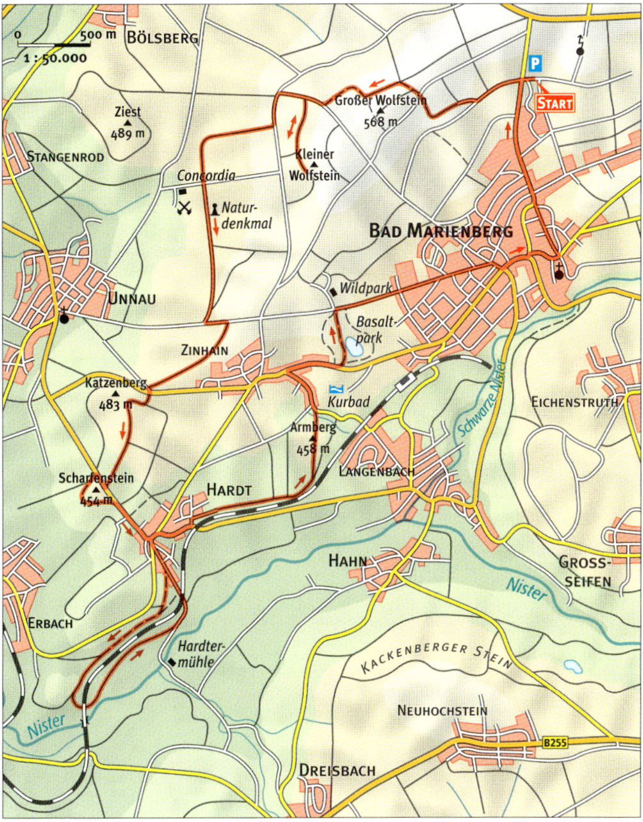

Ausgangspunkt unserer Wanderung ist der Parkplatz an der **Kirburger Straße,** nicht allzu weit westlich vom **Fernsehturm**. Wir folgen dem Wegweiser und den Wegemarkierungen (z. B. »I«, »A 3«) Richtung **Großer Wolfstein**. Dazu wenden wir uns westwärts in den Wald hinein, wo der Weg sich beim Schießstand nördlich wendet und bis zum Ziel noch zweimal die Richtung ändert. Dank der guten Beschilderung sind Irrtümer praktisch ausgeschlossen. Die aufgetürmten Basaltblöcke des **Großen Wolfsteines** bieten ein imposantes Bild, vor allem, wenn man sich einmal die Mühe macht, die Gesteinsgruppe sozusagen von der Rückseite her zu betrachten.

In der Nähe (ca. 600 m) befindet sich ein weiteres Felsgebilde, der **Kleine Wolfstein**. Um ihn zu erreichen folgen wir vom Großen Wolfstein der Wegmarkierung (I) westwärts und biegen beim zweiten Waldweg (Markierung »R 5«) links ab und gehen südlicher Richtung weiter, wo wir schnell auf das Naturdenkmal stoßen.

Nach dessen Besichtigung gehen wir den selben Weg zurück, bis wir nach 400 m wieder auf den breiten

Waldweg stoßen, dem wir jetzt 200 m westwärts folgen. An der Lichtung quert ein markierter Fahrweg, auf den wir nach links einbiegen. Für uns bleibt nun vorerst das Zeichen weißes »X« auf schwarzem Grund maßgebend. Es geleitet uns durch den Wald bald rechts und dann wieder links abbiegend. Wenn wir den Waldrand erreicht haben, wandern wir diesem entlang in Richtung der **Straße Unnau-Bad Marienberg.** Auf halber Strecke am Waldrand sehen wir links des Weges einen **ehemaligen Basaltbruch** (1 Std.), dessen Säulen in seltener Regelmäßigkeit angeordnet sind und der zu den schönsten Aufschlüssen im Westerwald gehört.

Die Straße führt links in den Wald und entlässt nach 100 m rechts einen Wanderweg (E 2), dem wir in südwestlicher Richtung durch den Wald folgen bis zur **Straße Unnau-Zinhain,** auf der wir nach links gehen bis zur Kurve am Waldrand. Dort biegen wir entsprechend der Markierung (E 2) scharf rechts ab. Vor Eintritt links in den Wald beim **Katzenberg** (1.30 Std.), den wir umgehen, haben wir eine gute Aussicht nach Norden.

Der Weg führt weiter südwärts durch den Wald bis zur **Chaussee Unnau-Hardt.** An der gegenüberliegenden Straßenseite befindet sich ein ehemaliger Basaltbruch. Die regellose Anordnung der Basaltsäulen hier am **Scharfenstein** lässt etwas von dem dramatischen Geschehen ahnen, das die Eruptionen der Braunkohlenzeit (Tertiär) charakterisiert.

Der Straße nach haben wir jetzt nur noch 150 m bis nach **Hardt** (2 Std.). Am südlichen Ortsausgang nach Nistertal steht noch ein altes Bauernhaus in Fachwerk, dessen Dach zur Wetterseite hin tief herabgezogen ist. Dieser ›Niederlass‹ ist eine für manche Mittelgebirge typische Maßnahme gegen die Windein-

Die Eisenbahnbrücke bei Erbach, ein technisches Kulturdenkmal

wirkung. Irrtümlich hat man diesen Haustyp zum ›Westerwälder Bauernhaus‹ schlechthin erklärt, obwohl die Gegend unterschiedliche Hausformen aufweist.

Von Hardt aus unternehmen wir einen Abstecher über den Wanderweg »C 1« bzw. »D 1« zur Erbacher Brücke, über die einst die Bahn Erbach–Marienberg verkehrte. Bei ihrer Fertigstellung (1911) galt das großartige Bauwerk als ›Wunder der Technik›, war sie doch mit 300 m Länge und 31 m Höhe damals die größte Betonbrücke in Deutschland (Baudenkmal).

Um zu ihr zu gelangen, folgen wir dem gekennzeichneten Weg vom **Parkplatz** (Info-Tafel) im Ort südwärts in den Wald hinein, wo wir ein Stück den Gleisen entlanglaufen. Dann geht es steil hinab zur Nister und zur **Nisterbrücke** (2.30 Std.).

Für den Rückweg nach Hardt können wir denselben Weg nehmen wie auf dem Hinmarsch, oder aber, indem wir nach rechts die Gleise überschreiten und dem Hangweg (D 4) unterhalb derselben folgen, bis wir oberhalb der **Hardtermühle** fast an die Nister stoßen. Dort folgen wir nach links dem Querweg mit neuer Markierung (D 5) bis zum **Dorf** (3 Std.) hinauf.

Von Hardt wählen wir den Wanderweg (C 2), der vom **Wanderparkplatz** im Ort nordöstlich zum Bahnübergang zieht. Diesen ignorieren wir zunächst. Wir gehen fürs Erste entlang der ehemaligen Bahnstrecke und dann in nordöstlicher Richtung bergan durch den bewaldeten Hang des **Armberges** nach Zinhain.

Am östlichen Ortsrand von **Zinhain** an der Straße nach Marienberg stoßen wir auf den **Basaltpark** (3.30 Std.). Der Aufschluss stellt zwar nichts Besonderes dar, aber die Schautafeln und technische Gerätschaften vermitteln ein anschauliches Bild von den Arbeitsprozessen beim Gesteinsabbau.

Ein Stück oberhalb des Basaltparks sorgt ein **Wildpark** für Zerstreuung. Geht man an der Westseite des Basaltparks vorbei (A 7), so stößt man nach 300 m auf die Gehege. Vor allem aber genießt man von dort bei günstiger Witterung eine hervorragende Aussicht, sodass der Umweg (1,5 km) über die Höhe zurück nach Bad Marienberg vor allem bei günstiger Witterung unbedingt lohnt. Dazu folgen wir am nördlichen Rand des Basaltparks dem Wanderweg »A 4« und »A 7« ein kleines Stück am Waldrand entlang direkt ins **Zentrum** des Kurortes. Um zum Ausgangpunkt unserer Wanderung nördlich des Stadtkerns zu gelangen, lassen wir uns vom weithin sichtbaren **Sendeturm** leiten (4 Std.).

Tour 25

›Butterweck‹ und Seitenstein

Rund um Rennerod

Hier sollte der Mittelpunkt der alten Bundesrepublik Deutschland liegen, hatten einige errechnet. Der Punkt kann besichtigt werden. Mag auch die Mitte Deutschlands unterdessen woanders sein, im Zentrum des Westerwaldes befinden wir uns allemal.

DIE WANDERUNG IN KÜRZE

+ Anspruch

2 Std. Gehzeit

7 km Länge

Charakter: Der bequeme Rundweg kann fast als längerer Spaziergang aufgefasst werden.

Wanderkarte: TK 1 : 50 000 L 5314 Dillenburg und L 5514 Weilburg, Sonderkarte 1 : 20 000 »Ferienland Hoher Westerwald«

Einkehrmöglichkeit: Rennerod

Anfahrt: Mit dem Kfz: Über die B 54 von Siegen und Limburg, bzw. über die B 255 von Montabaur; **mit öffentlichen Verkehrsmitteln:** Es existieren Busverbindungen von und nach Hachenburg, Westerburg, Bad Marienberg und Burbach.

Im Schnittpunkt alter Fernstraßen, die zum Teil dem Verlauf der heutigen Bundesstraßen entsprachen, entstand vor 1215 eine Siedlung, aus der **Rennerod** hervorgegangen ist. Die Grafen von Nassau erhoben den Ort 1715 zum Amtssitz. Der Bau der Eisenbahn brachte neuen Aufschwung, trug aber auch bei zu den Zerstörungen im Zweiten Weltkrieg. Geschäftigkeit prägt die Stadt (seit 1971), kaum aber Altertümer, außer der ehemaligen Klostermühle (1541) und zwei Grabsteinen der Zentgrafen zu Rennerod. Wie schlimm es manchmal ›in der guten alten Zeit‹ zuging, erfährt man an der **Hexen-Gedenkstätte** (ND) direkt westlich vom Bahnhof. Die mächtige Baumgruppe lenkt Blick und Schritt dorthin.

An dieser traurigen Stätte, über die auf den Tafeln Näheres zu erfahren ist, beginnen wir unseren Rundweg, indem wir diesseits der alten Bahntrasse in westlicher Richtung durch das Wohngebiet bis zum Waldrand gehen, wo wir auf einen markierten Weg (A 1) stoßen. Er geleitet

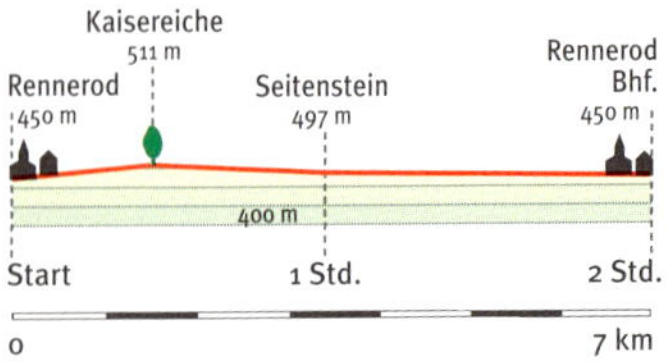

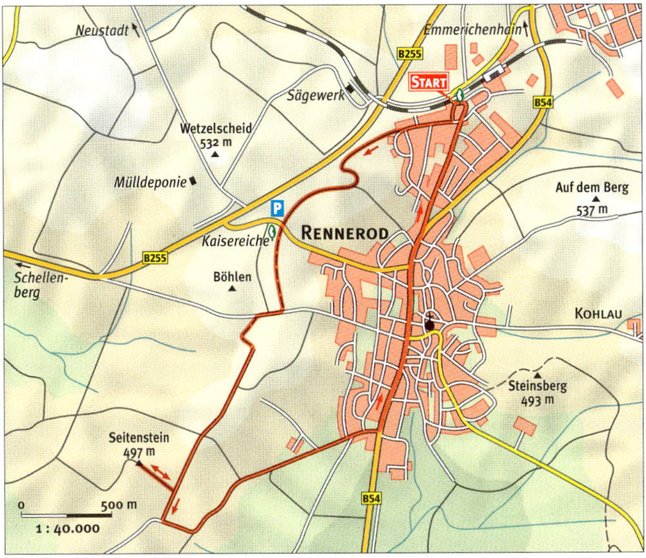

uns zum **Grauen Stein,** einem Waldstück mit einem recht ausgedehnten Feld an Blockbasalt. Sein Aussehen hat zu der volkstümlichen Bezeichnung ›Butterweck‹ geführt. Wie man sieht, kann der Basalt beim Erstarren vielfältige Formen annehmen, von denen die bekannteren Säulen eben nur eine der möglichen sind. Das ist denn auch der Messpunkt, wo angeblich der Mittelpunkt der alten Bundesrepublik liegen soll.

Wir gehen weiter bis zum **Parkplatz** an der **Straße** von Neustadt-Rennerod und überqueren diese. Der örtliche Wanderweg trifft gegenüber auf die neuen Wegmarkierungen (6, II) denen wir nun durch den Wald in südwestlicher Richtung folgen. Den Zeichen entsprechend überqueren wir die Straße von Rennerod nach Hellenhahn-Schellenberg und kommen später unter einer Fernstromleitung hindurch. Etwa 400 m danach geht rechts ein nicht weiter markierter Weg ab, der uns zum **Seitenstein** (1 Std.) bringt. Links vom bisherigen Weg sind mitten im Wald zahlreiche Basaltblöcke aufgeschichtet, die wiederum Zeugnis von der einst so unruhigen Erde unseres Wandergebietes ablegen.

Wir stoßen nun nach ca. 300 m wieder auf Wegezeichen (H 2), die uns um den Seitenstein herumleiten. Beim ersten Weg, der links abbiegt, lassen wir die Wegezeichen außer Acht und gehen in südöstlicher Richtung weiter bis zu einer Lichtung, an deren Ende der offizielle Rundwanderweg nordöstlich wieder in Richtung Rennerod zieht. Anfangs geht es noch durch Wald, dann aber durch freies Feld, dessen Hangneigung freien Ausblick auf die Stadt und den Hohen Westerwald gewährt. Der Weg endet am Stadtrand von **Rennerod** an der B 54, die von Limburg hierher führt. Indem wir über diese nach links in die Stadt hineingehen, erreichen wir auch wieder unseren Ausgangspunkt am **Bahnhof** (2 Std.).

Tour 26

Pilgerwege und Wallfahrtsstätten

Von Hamm zum Beulskopf

Pilger und Spurensucher haben uns diese Route vorgezeichnet. Sie berührt erloschene und noch bestehende religiösen Wallfahrtsorte, berührt Gedenkstätten an Ereignisse und Personen wie Raiffeisen. Hier vollzieht sich unmerklich der Übergang vom Westerwald in das Tal der Sieg.

DIE WANDERUNG IN KÜRZE

++ Anspruch

3.30 Std. Gehzeit

15 km Länge

Charakter: Der Aufstieg vom Wallfahrtsort Marienthal gilt seit jeher als ›Büßerpfad‹ und wird auch heute noch von vielen Wanderern so empfunden. Der übrige Streckenabschnitt ist unproblematisch.

Wanderkarte: TK 1 : 50 000 L 5310 Altenkirchen und L 5312 Betzdorf

Einkehrmöglichkeiten: in Hamm, Kloster Marienthal, Hilgenroth sowie in Pracht

Anfahrt: Mit dem Kfz: Über die B 256 Neuwied-Wissen bzw. über die B 62 von Siegen; **mit öffentlichen Verkehrsmitteln:** Vom Bahnhof Au/Sieg verkehren Züge nach Altenkirchen, Köln und Siegen; von Hamm verkehren Omnibusse in Richtung Altenkirchen und Wissen.

Hamm an der Sieg ist Geburtsort von Friedrich Wilhelm Raiffeisen. Die Alte Vogtei gilt als sein Geburtshaus. Das ansehnliche Fachwerkgebäude steht heute unter Denkmalschutz. Es befindet sich im Besitz der Familie Wortelkamp, die es liebevoll pflegt und hier ein renommiertes Hotel betreibt. In diesem Teil des Westerwaldes, den wir erwandern wollen, hat er mit seinen sozialen Reformen begonnen. Seinem Andenken dienen die ›Raiffeisenstraße‹ Hamm–Weyerbusch–Flammersfeld–Neuwied (ca. 65 km) und der Raiffeisenturm bei Beul.

Unterhalb der alten **Kirche** biegt von der Hauptstraße ein markierter Weg (H 3) nach Süden ab und führt uns aus dem Ort hinaus. Die Ab-

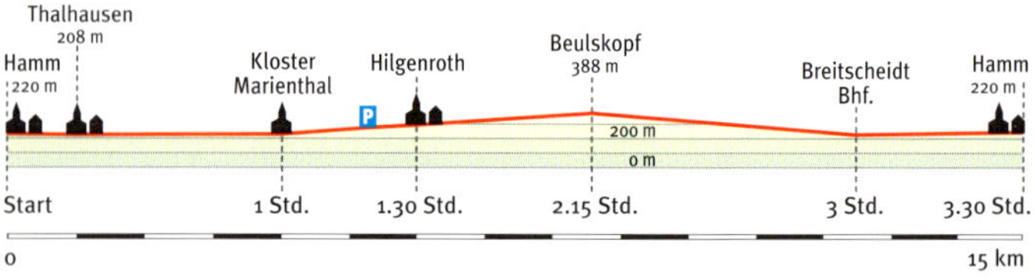

zweigung nach Seelbach beachten wir nicht, sondern gehen geradeaus weiter bis **Thalhausen.** Von jetzt an ignorieren wir die Wegzeichen und halten uns wie bisher weiter nach Süden und wandern über **Pfannenschoppen** bis zur Kreuzung vor dem **Fabrikgelände.** Unsere Richtung bleibt weiterhin unverändert, sodass wir an der Fabrik vorbei nun in den Schatten der Hangwälder des Marienthaler Baches eintreten. Unsere Strecke gewinnt hier gleichsam den Charakter eines Pilgerweges, was sie seit alters her ja auch ist. Die wenig befahrene Bahnlinie jenseits des Baches stört diese Atmosphäre kaum. Derart eingestimmt erreichen wir **Kloster Marienthal** (1 Std.).

Noch heute wird in der Kirche das Gnadenbild der Muttergottes (Vesperbild, 15./16. Jh.) verehrt. Für die Betreuung der Pilger wurde 1666 ein Franziskanerkloster erbaut, das heute als kirchliche Bildungsstätte dient. Die Abgeschiedenheit des Ortes mag auch uns einige besinnliche Augenblicke bescheren.

Zwei **Parkplätze** mit Erläuterungstafeln erleichtern die Orientierung. Wir entscheiden uns vorerst für den Verlauf von Sieghöhenweg und Kölner Weg (S, K), die gemeinsam bergan nach Hilgenroth führen. Der ursprüngliche Name ›Heiligenroth‹ erinnert daran, dass die Kirche im Mittelalter Wallfahrtsstätte war, die nach der Reformation erlosch. Ein bisschen Nachgeschmack vom alten Wallfahrtswesen erhalten wir schon beim Verlassen der Pilgerstätte. Gleich geht es in Kurven steil bergan. Beim Bahnübergang liegt ein weiterer Wanderparkplatz mit Info-Tafel.

Beim Verlassen des ›Kurwaldes‹ dürfen wir nicht abbiegen, sondern müssen die bisherige Richtung beibehalten und westwärts direkt auf Hilgenroth zugehen.

In **Hilgenroth** (1.30 Std.) angelangt, führt unser Weg (S, K) gegenüber der Kirche weiter nach Westen auf den Wald zu. Dort gehen wir geradeaus weiter (S), während der Kölner Weg (K) nach Norden abknickt. Kurz nachdem wir den Wald durchquert haben, überqueren wir die **Straße nach Birkenbeul,** und gehen geradeaus weiter nach Westen. Vorbei an einem ehemaligen Steinbruch, wo man früher Basalt abgebaut hat, erreichen wir den **Beulskopf** (2.15 Std.). Das hiesige Basalt-Vorkommen ist isoliert und eines der wenigen Merkmale, die diese Gegend mit dem ›eigentlichen‹ Westerwald noch gemeinsam hat. Vom **Aussichtsturm** mit seinen 34 m Höhe haben wir eine hervorragende Aussicht über den Sieg-Westerwald, ins Bergische und bis zum Rothaar- und Ebbegebirge im Nordosten.

Wir folgen den Wegezeichen (»I« u. a.) am Nordhang des Beulskopfs entlang, kreuzen den Kölner Weg (K) und halten uns in nordöstlicher Richtung immer am Waldrand auf dem Fahrweg. Wenn dieser sich nach Osten auf Hilgenroth zu bewegt, biegen wir kurz vor dem **Wasserbehälter** auf den Waldweg (H 11) links in Richtung Norden ab. Am **Wirtshaus Pfaffenseifen** vorbei gelangen wir aus dem Wald heraus nach **Unterschützen**. Dort halten wir uns rechts und gelangen nach ca. 1 km zum **Bahnhof Breitscheidt** (3 Std.) mit Anschluss nach Au/Sieg. Auf einem örtlichen Wanderweg (H 3) kehren wir über **Pracht** nach **Hamm** (3.30 Std.) zurück.

Kloster und Wallfahrtsstätte Marienthal

Kroppacher Schweiz

Das Nistertal bei Hachenburg

Weithin sichtbar liegt Hachenburg über dem Tal der Großen Nister. Dank ihrer Lage fielen Stadt und Schloss in alten Zeiten eine wichtige Rolle im Warenverkehr vom Rheinland nach Thüringen zu. Der wertvolle Baubestand der Stadt erzählt anschaulich davon, ebenso die Klosteranlage unten im Tal.

DIE WANDERUNG IN KÜRZE

++
Anspruch

5 Std.
Gehzeit

20 km
Länge

Charakter: Die Wegführung in der ›Kroppacher Schweiz‹ ist derart geschickt, dass alle Wege bequem begangen werden können und nirgends alpine Verhältnisse zu befürchten sind.

Wanderkarte: TK 1 : 50 000 L 5312 Betzdorf, Sonderkarte 1 : 25 000 ›Ferienland Westerwald‹

Einkehrmöglichkeiten: Hachenburg, Kloster Marienstatt, Astert, Heuzert, Heimborn

Anfahrt: Mit dem Kfz: Über die B 414 Herborn–Altenkirchen bzw. B 41 von Koblenz/Neuwied mit Anschluss A 3 in Dierdorf; **mit öffentlichen Verkehrsmitteln:** Hachenburg liegt an der Bundesbahnstrecke Köln–Frankfurt über Au/Sieg–Limburg. Busverbindungen bestehen in Richtung Betzdorf, Bad Marienberg–Rennerod, Altenkirchen, Dierdorf-Koblenz und Selters.

Hachenburg verdankt seinen Ursprung einem Rastplatz an der Kreuzung mittelalterlicher Fernstraßen: die von Köln herbeiziehende Alte Leipziger Straße, die Rheinische Straße und der ›Eisenweg‹ aus dem Siegerland. Oberhalb dieser Altstadt wurde um 1180 eine Burg als Straßensicherung errichtet, in deren Schatten sich später eine zweite Siedlung entwickelte. Bis 1799 hatten die Grafen von Sayn hier ihre Residenz, deren Erbe dann die Fürsten von Nassau-Weilburg antraten.

Anstelle der Burg trat ab 1717 die gewaltige Schlossanlage als gräfliche Residenz. Sie ist heute im Besitz der Bundesbank und kann nicht besichtigt werden.

Vom **Alten Markt** aus gehen wir durch die Fußgängerzone und folgen der anschließenden Autostraße nach Westen, bis rechts der Wegweiser nach Nister zeigt. Wir folgen dieser Straße bis zur Bahnschranke. Hier zweigt links der Wanderweg (K, 4) ab, der durch offene Feldflur westwärts führt. Etwa 500 m nach der Unterführung wendet sich der Weg mehr nach Norden und führt uns nun den Hang hinab zum Bach. Wir kommen an der **Nistermühle** vorbei, in der sich Konrad Adenauer vor den Nazis versteckt hielt.

Hier biegen wir links ab auf den Weg, der uns entlang der **Nister** flussabwärts in den Wald hineinleitet. Dieser Streckenabschnitt endet vor den beiden Brücken beim **Kloster Marienstatt.** Die ältere der beiden (1721) schwingt sich mehrbogig über die Nister in den Klosterbezirk von Marienstatt (1 Std.), den wir jetzt betreten.

Die Gründung der Grafen von Sayn (1222) wurde durch Zisterziensermönche aus Heisterbach im Siebengebirge besetzt. Die Kirche zählt zu den frühen Schöpfungen der Gotik in Deutschland. Ihr Chor war schon 1243 vollendet. Die Inneneinrichtung bietet einen Querschnitt durch mehrere Epochen rheinischer Kunstgeschichte. Die Konventgebäude wurden im Barockstil neu errichtet (1747). Seit 1888 besteht hier ein neues Kloster für Seelsorge und Unterricht.

Wir gehen nun über die alte Brücke zurück und biegen rechts auf den Waldweg, der von der Nister wegführt (Markierung »4«). Die nach dem kurzen Anstieg beiderseits abzweigenden Wege lassen wir unbeachtet und gehen geradeaus. Dieser Weg verläuft im bewaldeten Hang mehr oder weniger ohne nennenswerte Steigung. Je nach Jahreszeit und örtlichem Bewuchs sind Ausblicke auf die Wiesengründe des Nistertales möglich

Am **Waldrand** angekommen stößt unser Weg auf die Landstraße und wir sehen vor uns **Astert** liegen, das wir über die Straße erreichen (1.30 Std.). Wir durchqueren den Ort und folgen weiterhin der Straße, die uns geradewegs nach **Heuzert** (2 Std.) führt. Während die Nister windungsreich zu Tal fließt, kürzt die Chaussee die Strecke erheblich ab. Die bewaldeten Hänge teilen das Landschaftsbild geradezu kulissenartig auf und sorgen für angenehme Abwechslung.

In Heuzert wenden wir uns nach rechts und gehen den Hang hinunter zur **Brücke** und über die Nister. Wir folgen nach links dem Waldweg (Markierungen »K« und »4«) am Bach entlang Richtung **Heimborn** (2.30 Std.). Sobald wir den Wald verlassen, sehen wir links vor uns den Zusammenfluss der Großen und Kleinen Nister.

Nach diesem Ausblick wenden wir uns nach rechts und nehmen den Waldweg mit der Markierung »I« bzw. »K«, der etwas bergan steigt. Nach guten 500 m gibt der Wald den Blick frei auf die Wiesen im Tal. Hier ändern wir vorübergehend die Richtung und wenden uns wiederum nach rechts (Markierung weiterhin: »I«, »K«). Unser Waldweg steigt nun stetig bergan bis zum Hartenberg, um dann wieder langsam zur Straße Heimborn–Astert abzufallen. Auf dieser gehen wir 500 m geradeaus, bis links der Wanderweg (Markierung von jetzt an nur noch »I«) im Wald weiterzieht. Bald führt uns das

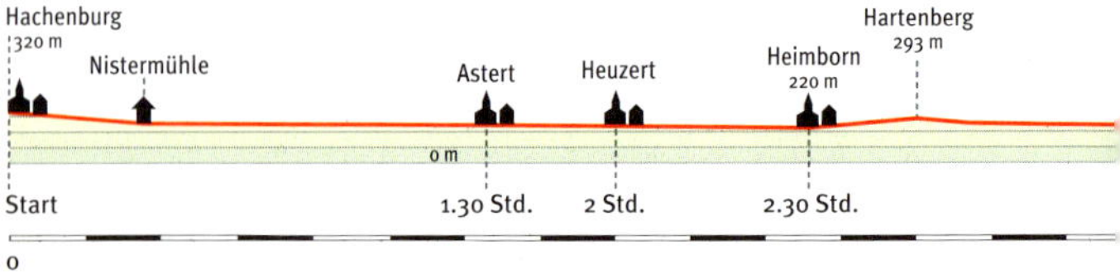

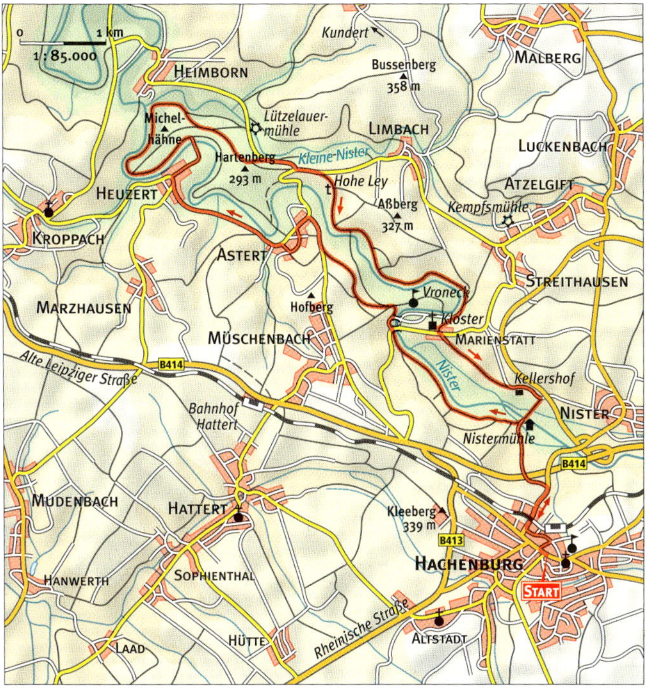

Wegzeichen nach rechts und bergab ins Nistertal. Hier an dieser Stelle, an der sich die Richtung ändert, erblicken wir rechts im Hang die **Hohe Ley,** ein Felsgebilde, das durch Verwitterung aus nachgiebigerem Gestein herausgeschält worden ist.

Wir bewegen uns jetzt fast auf der Talsohle an der **Nister** entlang bachaufwärts bis **Marienstatt** (4 Std.). Erst hier erkennen wir, dass der breite Wiesengrund einst genügend Platz bot für eine Klostergründung. Bei Anmarsch von Westen her wirkt das Tal nämlich beklemmend eng. Hinter der Abtei beim Eingang zur Schule führt ein Fußweg zu den ehemaligen Wirtschaftsgebäuden. Dort angekommen überqueren wir die **Landstraße** und nehmen geradeaus den Feldweg (U 1, H 11), der auf halber Höhe am Hang entlangführt. Wir passieren ein Waldstück linker Hand, lassen rechts den **Kellershof** liegen und gelangen so zur **Straße Hachenburg-Betzdorf.** Vor der Unterführung biegen wir rechts ab und gehen geradeaus auf die **Nistermühle** zu. Auf nun schon bekanntem Weg (H 11, H 12) geht es bergan und nach **Hachenburg** (5 Std.) zurück.

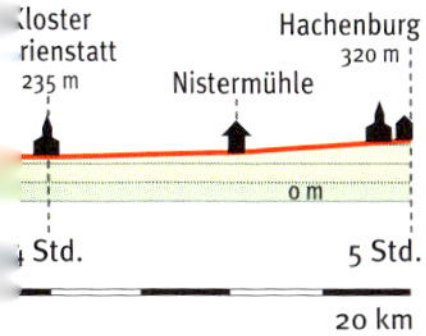

Tour 28

Am Rand des Westerwaldes

Um den Daadenbach

Das Heidelberger Schloss soll Pate gestanden haben beim Bau von Friedewald über dem Daadetal. Richtig ist, dass diese Wanderung eines der im Westerwald sehr seltenen Renaissance-Bauwerke ansteuert und den Kunstgenuss durch das Erlebnis weitläufiger Landschaften ergänzt.

DIE WANDERUNG IN KÜRZE

+++
Anspruch

7.30 Std.
Gehzeit

28 km
Länge

Charakter: Die Länge der Strecke setzt Ausdauer voraus. Der Anstieg zur Hüllbuche ist relativ lang, steil und an heißen Tagen schweißtreibend. Ähnlich aber weniger mühsam gestaltet sich der Rückweg von Daaden nach Friedewald.

Wanderkarte: TK 1 : 50 000 L 5312 Betzdorf, Wanderkarte 1 : 25 000 ›Daaden und Umgebung‹

Einkehrmöglichkeiten: Daaden, Alsdorf

Anfahrt: Mit dem Kfz: B 62 bis Betzdorf, dann Landstraße; B 54 ab Siegen bis Lipper Höhe (Flughafen Siegerland), dann Landstraße; **mit öffentlichen Verkehrsmitteln:** Mit der Bundesbahn bis Betzdorf, anschließend mit der Kreisbahn bis Daaden; es existiert eine Buslinie Betzdorf-Daaden.

Hinweis: Wem die gesamte Strecke von immerhin 28 km zu lang wird, kann etwa die Hälfte einsparen und von Bhf. Betzdorf-Alsdorf mit dem Zug nach Daaden zurückfahren.

An der Balustrade im Schlosshof in **Friedewald** haben wir unser Wandergebiet mit Daadetal und die Sieghöhen voll im Blick. Da hier eine Evangelische Akademie untergebracht ist, möge man den Zutritt erbitten. Das lohnt schon wegen der Bedeutung des Bauwerks (16. Jh., 1912 erneuert). Am **Schloss** brechen wir auf und folgen dem Wanderweg

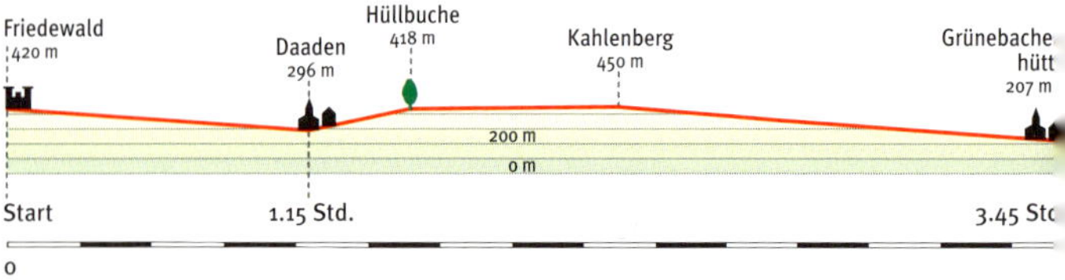

(Markierung »5«) ostwärts zwischen den Häusern hindurch und dann zunächst nördlich durch die Feldflur und schließlich östlich in den Wald am **Schimmerich** (NSG), einem ehemaligen Steinbruch. Wir lassen das Gebiet rechts liegen und wenden uns am Waldrand nordwärts. Zum Sportplatz, an dem wir vorbeigehen, fällt der Weg etwas, um danach wieder anzusteigen und sich nach Westen zu wenden. Beim Hahnenkopf geht es zunehmend bergab bis wir bei einem Wasserberhälter den Waldrand erreichen. Durch die Feldflur gehen wir auf **Daaden** zu, das wir am Friedhof erreichen. Die hochragende Kirche weist uns problemlos den Weg zur **Ortsmitte** (1.15 Std.).

Die imposante Kirche beherrscht den Ort. Man erkennt, dass der barocke Turmhelm älteren Bauteilen aufsitzt. Beim Schiff dagegen hat man die mittelalterlichen Teile vollständig durch einen Neubau (1722–24) ersetzt, eine Verfahrensweise, wie sie im Westerwald häufig anzutreffen ist. Verantwortlich war der berühmte Baumeister J. L. Rothweil, der an den Schlossbauten zu Hachenburg, Neuwied und Weilburg maßgeblich mitgewirkt hat.

Die Modernisierung des Ortsbildes erfolgte behutsam genug, um den Bestand an alten Fachwerkhäusern weitgehend intakt zu lassen. Das Heimatmuseum ist im ansehnlichen Bau der alten Post untergebracht.

Uns steht nun der steile und wenig attraktive Anstieg über 1,5 km durch die nördlichen Wohngebiete zum Wanderparkplatz Hüllbuche bevor. Die Einheimischen lassen deshalb ihre Wanderungen erst dort beginnen und sprechen auch Touristen gegenüber entsprechende Empfehlungen aus. Eine Tafel am Parkplatz informiert über die Rundwege, die demnach fast alle erst hier oben beginnen. Die Warnung stehe vor der Mühe. Ein Trost immerhin: Der Weg führt an einem Schwimmbad vorbei.

Der mächtige Baum, die **Hüllbuche** (ND), bezeichnet auch eine Örtlichkeit, die einer speziellen Gesteinsart, die man hier erstmals beschrieben hat, den Namen gab. So rückte über die so genannten Daadener Schichten der Wissenschaftler der Ort Daaden in die Lehrbücher der Geologie.

Wir halten uns an die Beschilderung und wählen den Wanderweg, der in nordwestlicher Richtung fast ausschließlich durch Wald in Richtung Betzdorf zieht (Markierung »H«). Nach 1,5 km überqueren wir die **Straße Daaden-Herdorf** und gehen auf der gegenüberliegenden Seite in der bisherigen Richtung weiter. Der Weg steigt weiter an, da beiderseits unseres Weges mehrere Anhöhen hintereinander liegen, deren Ausläufer wir überschreiten: Igelshahn, Kahlenberg und Hachenburger Höhe. Hinter dieser letzter Erhebung geht es nach links in westlicher Rich-

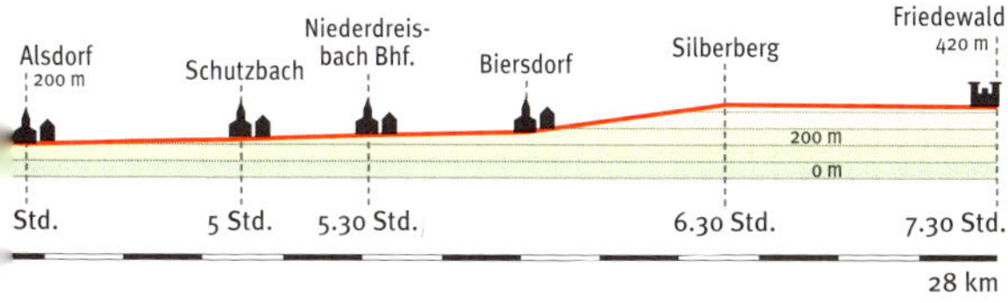

tung leicht bergab auf das Daadetal zu. Oberhalb von Schutzbach wendet sich der Weg nordwärts in Richtung Hellertal; weiterhin orientieren wir uns an der Markierung »H«.

Zuletzt geht es deutlich bergab. Beim Verlassen des Waldes müssen wir darauf achten, dass wir uns nicht rechts vom Hellertal bei Grünebach anlocken lassen, sondern uns weiter in nordwestlicher Richtung halten, um **›In der Struth‹** auf die Straße im Daadetal zu gelangen (3.45 Std., unweit des Bahnhofes Betzdorf-Alsdorf mit Bahnanschluss nach Betzdorf und Daaden).

Nur ein kurzes Stück der Straße (Markierung »H«) nach und wir sind in **Alsdorf** (4 Std.). Wo nach einer langen Geraden die Straße kurz vor der Brücke über die Heller eine scharfe Rechtskurve beschreibt, gehen wir links in die Siedlung. Wir bemerken bald das **Hüttenschulzenhaus** aus wuchtigem Fachwerk, das wir nur von außen bewundern können, weil es in Privatbesitz ist. Der Name verrät bereits, dass es sich um ein Dienstgebäude aus vergangener Zeit handelt, als hier noch der Bergbau herrschte. Bauern und Bergleute wohnten bescheidener. Wir sehen, wie vielfältig der Fachwerkbau im Westerwald ist.

Hier folgen wir nun der Dorfstraße nach links, die bald nach rechts abbiegt und bergan steigt. Sie führt geradeaus durch die Neubaugebiete zum Waldweg nach **Schutzbach** (5 Std.). Dabei bewegen wir uns ständig oberhalb oder neben den Bahngeleisen und dem Daadebach dahinter, sodass Irrtümer ausgeschlossen sind.

Überall stoßen wir jetzt beim Rückweg auf die Spuren des Bergbaues, der zum Teil bis 1965 betrieben worden ist und die Ortschaften an unserem Weg nachhaltig geprägt hat. So passieren wir die **›Alte Grube Pius‹** und kurz vor Schutzbach eine

Art Drahtseilbahn, die den Basalt vom Käuser Steimel zur Bahn transportiert hat.

Weiter geht es in der bezeicheten Weise vorbei an der ehemaligen Grube **›Milde Hand‹** bis zum Ortseingang von **Niederdreisbach** (5.30 Std.), das wir rechts liegen lassen, um stets in der Nähe der Bahngeleise bis **Biersdorf** weiter zu gehen. Etwa 400 m nach dem Haltepunkt der Bahn führt links eine Fahrstraße in ein Nebental und endet bei einem **Wanderparkplatz.** Hier wählen wir den Wanderweg (B 1) südwärts durch den Wald. Bergauf steigend treten wir schließlich aus dem Wald und biegen bei dem Querweg links ab. Die Markierung (B 1) gilt auch bei der nächsten Abbiegung rechts, die uns durch das bebaute Gelände am **Silberberg** (6.30 Std.) südlich in den Wald bringt. Rechts ist ein ehemaliger Steinbruch zu sehen. Wir gehen unbeirrt durch Abzweigungen ständig geradeaus (teilweise »B 2«) bis wir auf die **Straße Oberdreisbach–Daaden** stoßen, der wir kurz nach links bis zur scharfen Linkskurve folgen. Rechts führt unser Weg (neue Markierung »B 3«) wieder in den Wald. Rechts haben wir noch eine Weile die **Klebsandgrube** neben uns, bis wir schließlich an einem Wäldchen vorbei wieder nach **Friedewald** gelangen (7.30 Std.).

Das Hüttenschulzenhaus in Alsdorf, ein Dienstgebäude aus der Zeit, als der Bergbau noch blühte

Um die Lipper Höh

Von Burbach durch das Buchhellertal zur Heller

Heute kaum vorstellbar: Westerburg und Umgebung waren einst als Grafschaft ein selbständiger Staat. Dementsprechend berührt unser Weg geschichtliche Denkwürdigkeiten, aber auch naturkundliche Besonderheiten.

DIE WANDERUNG IN KÜRZE

+++
Anspruch

7.30 Std.
Gehzeit

28 km
Länge

Charakter: Der Anstieg aus dem Buchhellertal und später aus dem Siegtal stellen jeweils eine, allerdings nicht allzu lange dauernde Herausforderung dar. Hinter Zeppenfeld ist die Wegemarkierung nicht immer zuverlässig oder fehlt ganz, so da unbedingt eine gute Karte mitgeführt werden muss.

Wanderkarte: TK 1 : 50 000 L 5314 Dillenburg und L 5514 Weilburg

Einkehrmöglichkeiten: Greifenstein, Beilstein, Holzhausen

Anfahrt: Mit dem Kfz: Über die A 45 Dortmund-Frankfurt bis Abfahrt Herborn-Süd, anschließend Landstraße über Merkenbach oder über Edingen; **mit öffentlichen Verkehrsmitteln:** Mit der Bundesbahn über die Strecke Siegen–Wetzlar, Bahnhof Edingen; mit dem Omnibus von Herborn-Beilstein

Die Vergangenheit von **Burbach** reicht bis in die La-Tène-Zeit (5.-1. Jh. v. Chr.) zurück, aus der die Reste eines Ringwalles herrühren, die auf der ›Burg‹ südlich des Ortes noch erkennbar sind. Erst spät aktenkundig (1219), war Burbach immerhin bis 1350 Mittelpunkt des so genannten Freien Grundes. Kurtrier machte der Freiheit dann ein Ende. Ab 1400 saß hier ein nassauischer Amtmann. Der wertvolle Fachwerkbau (Haus Ginnersbach) ist erhalten. Die früh-klassizistische Kirche (18. Jh.) mit älterem Turm besitzt eine beachtliche Innenausstattung, darunter der ›Riemchenfußboden‹, wie man hier sagt.

Vom Bahnhof gehen wir über den Eicher Weg südwestlich in das **Buchhellertal,** wobei die Markierungen (weiße »6« auf schwarz, »A 1«) hilfreich sind. Am Waldcafé vorbei geht es ständig talaufwärts. Streckenweise laufen wir dabei über die Trasse einer alten Grubenbahn. Wir überschreiten die Buchheller, passieren die aufgelassenen Grube Grüne Hoffnung und gelangen schließlich in das Gelände der ehemaligen **Grube Peterzeche** (1 Std.).

Wir erinnern uns, dass das Siegerland einst Mittelpunkt eines lohnenden Eisenerzbergbaues gewesen ist. Die Landschaften an Sieg, Heller und Wied sind noch heute übersät von Spuren alter Gruben und Zechen. Mit einiger Aufmerksamkeit entdeckt man in diesen Gebieten versperrte Stollenmundlöcher oder verwachsene Pingen (durch Einsturz alter Gruben entstandene Vertiefungen). Hier sind es großflächige Halden und Ruinen der ehemaligen Zeche.

Mineraliensammler versuchen auch heute noch ihr Glück auf den Halden, und für Botaniker bietet der enge Talgrund zahlreiche Leckerbissen. Das heutige Gasthaus gehörte ursprünglich zur Zeche. Die Kapelle entstand später. Kurz hinter den Gebäuden talwärts am Parkplatz zweigt links ein markierter Weg steil bergan, auf dem wir durch den Hang zum **Hellerhöhenweg** (Markierung: weißes H auf schwarz, zwei weiße Querbalken) emporsteigen. Rückblickend erkennen wir das ganze Ausmaß der Abraumhalden der Peterszeche, die geradezu wie eine Mondlandschaft wirken.

Oben angekommen folgen wir dem bequemen Weg ständig in nordwestlicher Richtung durch ausgedehnte Waldungen. Bald kommen wir zu den **Trödelsteinen,** einer Geröllhalde aus Blockbasalt. Es handelt sich um das Ergebnis einer örtlichen Vulkanaktivität, wie sie fast überall als Umrahmung des inneren Westerwaldes zu beobachten ist. Basalt und Erzlager nebeneinander, aber aus ganz verschiedenen Epochen der Erdgeschichte – das genau ist die landschaftliche Grenzsituation unseres Wandergebietes.

Wir gehen fast ausschließlich auf der Kammhöhe und inmitten prächtiger Laub- und gelegentlich auch Nadelwälder. Ungefähr auf halbem Weg zweigt rechts ein Fahrweg nach Wiederstein ab, den wir aber ignorieren. Gleich darauf stoßen wir auf das Naturschutzgebiet ›Auf der Rothenbach‹. Zwischen Eichen-, Erlen- und Birkenniederwald hat sich Wacholder behaupten können.

Nach insgesamt etwa 4 km Höhenweg wird der **Hohenseelbachskopf** (3.30 Std.) erreicht, wo uns ein ausgezeichneter Rundblick über den Westerwald von Südwesten bis Südosten, zum Siegerland im Nordosten und über das Bergische Land von Nordwesten bis Norden winkt.

Im Übrigen ist die Bergspitze nur noch ein Schatten ihrer selbst. Die regelmäßig ausgebildeten Basaltsäulen der Gipfelregion wurden bereits Ende des vorigen Jahrhunderts bis auf klägliche Reste durch Gesteinsabbau abgetragen. Von der Burg, die dem Berg den Namen lieh und schon 1352 vom Trierer Kurfürsten zerstört worden ist, kündet lediglich eine Tafel mit Inschrift.

Wir gehen weiter und folgen der Beschilderung (»3« bzw. Raute) in nordöstlicher Richtung durch den Wald im Wesentlichen bergab. Wir überwinden dabei das **Seelbachtal** und gelangen schließlich ins belebte **Hellertal.** Dort überqueren

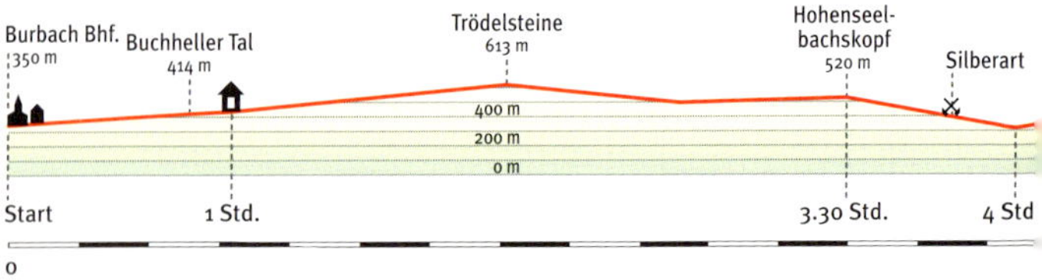

Säulenbasalt auf dem Hohenseelbachskopf

wir nacheinander Bahngleise, die Hauptstraße von **Zeppenfeld** (4.45 Std.) und die Heller.

Beim **Denkmal** am bewaldeten Berghang biegen wir rechts ab und folgen der Straße am Waldhang ent-

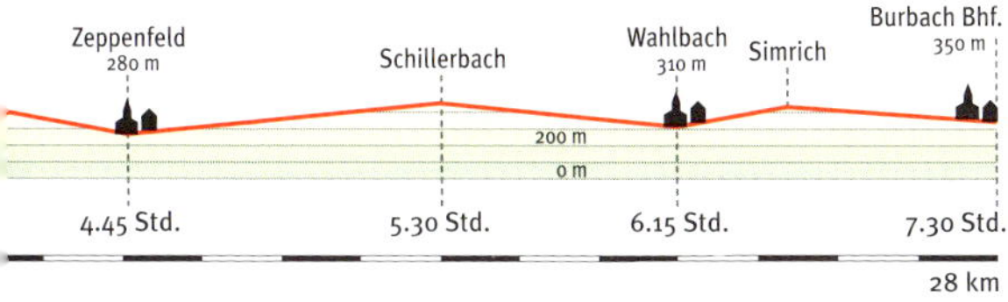

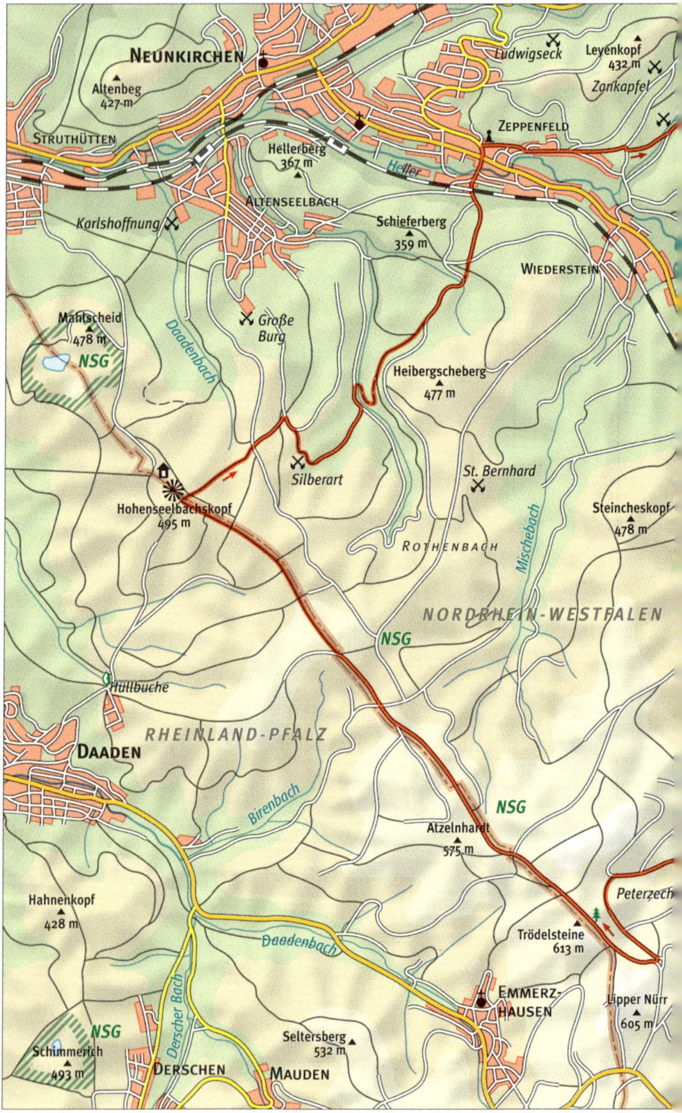

lang. Anfangs hilft uns die Markierung des örtlichen Rundweges (A 3, A 4). Die Straße gabelt sich schließlich. Wir wählen den mittleren der drei Fahrwege und bleiben auch bei der nächsten Querstraße in der bisherigen Richtung.

Wir überschreiten den Bach und lassen die ehemalige Grube Zankapfel links liegen. Wir wandern nun

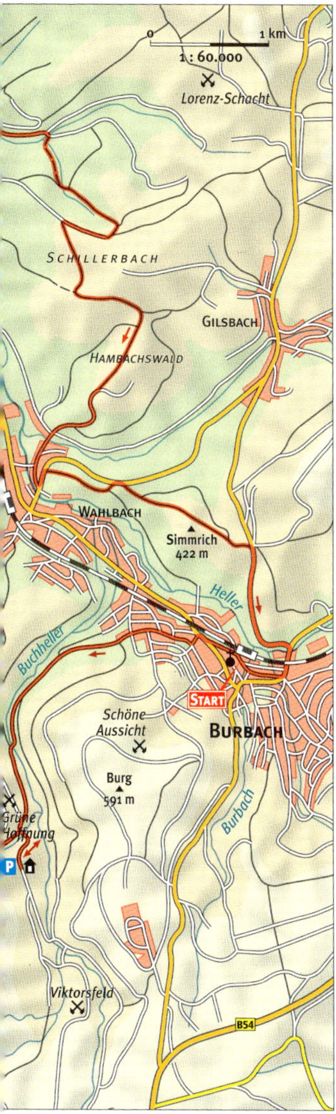

ostwärts durch das von Hangwäldern eingefasste Tälchen. Sobald der Weg scharf nach rechts abknickt, ändern wir mit ihm die Richtung. Natürlicher Wegweiser ist die Talmulde rechts. Unser Weg zieht südwärts, hat rechter Hand den Waldrand und links das Bächlein als Richtschnur. Bei der nächsten Lichtung ändern Bach und Weg ihre Richtung. Beide ziehen jetzt nach links, südöstlich zum Ende des Tälchens, wo das kleine Gewässer entspringt. Wir gehen bergan und knicken auf den ersten Querweg scharf rechts ab. Nach kaum 400 m biegen wir links ab. Dieser Weg nun führt uns durch den Wald-Distrikt **Schillerbach** (5.30 Std.) bergan, südlich um die Anhöhe herum und allmählich im Hang abwärts. Nach Durchqueren einer sanften Senke steigen wir erneut eine Weile bergan durchwandern den **Hambachswald.** An dessen höchster Erhebung gehen wir westlich vorbei. Nun aber führt unsere Route ständig bergab und nach einer Kehre treten wir schließlich aus dem Wald. Von links eilt der **Gilsbach** herbei. Bei einer Fabrik überqueren wir den Bach.

Statt nun nach **Wahlbach** (6.15 Std.) hineinzugehen, biegen wir links ab zum **Friedhof,** gehen um diesen herum und steigen im Wald hoch. Bei der ersten Weggabelung dürfen wir auf keinen Fall rechts hinunter ins Hellertal wandern, sondern links ins Gilsbachtal. An der Landstraße, die wir kurz berühren, geht es gleich wieder rechts hinauf durch den Waldhang. Bei der zweiten Weggabelung halten wir es genau umgekehrt und wählen den Weg rechts, der uns durch die bewaldeten Höhen des **Simrich** führt bis zur **Straße Gilsbach-Burbach,** über die wir rasch (1,3 km) wieder zurück nach **Burbach** gelangen (7.30 Std.).

Tour 30

Wehrhafte Mauern

Rund um Burg Greifenstein

Die mitunter sogar nachts angestrahlte Burgruine ist weithin sichtbar und die größte ihrer Art im Westerwald. Zusammen mit der Schwesterburg Beilstein in der Nachbarschaft bietet sie ein Lehrbeispiel für die Kriegstechnik vergangener Zeiten. Und das inmitten einer friedlichen Landschaft.

DIE WANDERUNG IN KÜRZE

++ Anspruch

4.30 Std. Gehzeit

17 km Länge

Charakter: Fast ständig sind Steigungen und Gefälle zu bewältigen, sodass die an sich sehr schöne Strecke nur von Geübten begangen werden sollte. Stellenweise ist sie für Kinderwagen und Rollstuhl unpassierbar.

Wanderkarte: TK 1 : 50 000 L 5314 Dillenburg und L 5514 Weilburg

Einkehrmöglichkeiten: Greifenstein, Beilstein, Holzhausen

Anfahrt: Mit dem Kfz: Über die A 45 Dortmund–Frankfurt bis zur Anschluss-Stelle Herborn-Süd; sodann weiter auf der Landstraße (L 3046) über Merkenbach, dann Kreisstraße (K 99) oder Bundesstraße über Edingen; **mit öffentlichen Verkehrsmitteln:** Mit der Bundesbahn Strecke Siegen–Wetzlar, Bahnhof Edingen; mit dem Omnibus: Linie Herborn–Beilstein

Vom Parkplatz in der Dorfmitte von **Greifenstein** aus gewinnen wir einen ersten Eindruck vom Ziel unserer Wanderung, der Burg Greifenstein im Hintergrund. Zunächst aber gehen wir auf der Hauptstraße nach Westen und aus dem Ort hinaus. Am **Ortsrand** biegen wir rechts ab und gehen bergan zwischen den Wochenendhäusern hindurch in den Wald hinein. Überall liegen Basaltblöcke zerstreut, die sich schließlich am Gipfel des **Hinstein** (15 Min., NSG) zu tiefschründigen Felsen auftürmen. Das Gebilde entstand ähnlich wie der Bergstock in Greifenstein durch einen örtlichen Lavaausbruch während der Braunkohlezeit

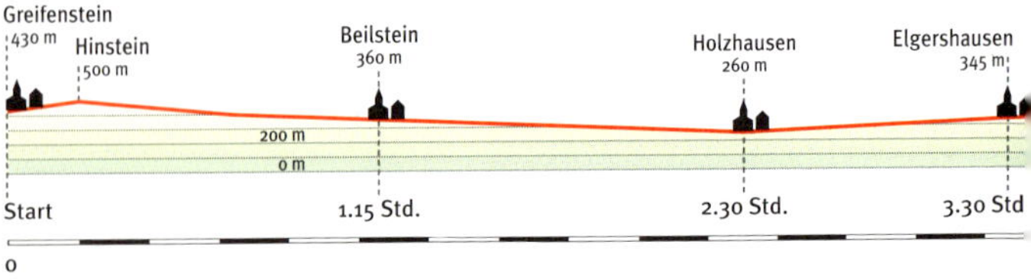

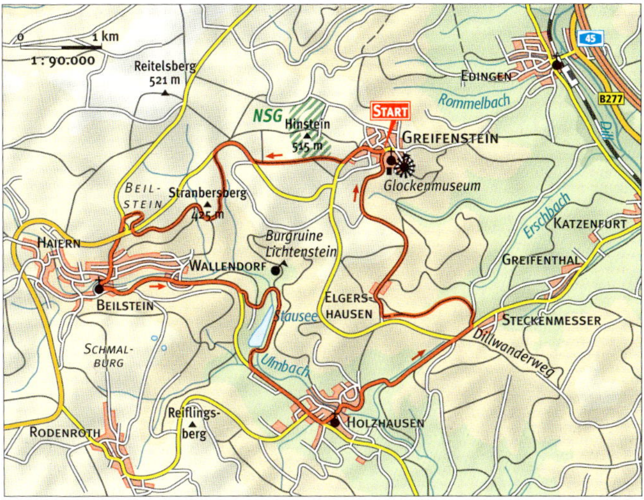

(Tertiär), der schließlich zu hartem Basaltgestein erstarrte.

Weiter geht es über einen kurzen Anstieg westwärts bis zur Landstraße, der wir nach rechts folgen. Schon wenig später, sobald wir die Linkskurve ausgegangen sind, biegen wir links von der Straße ab und gehen wieder in den Wald (weiße »II« auf schwarz). Der stete Abstieg wird etwas gemildert, wenn wir den **Stranbersberg** im Bogen an seinem Südhang umlaufen. Am Waldrand kommen wir rechts an der Zufahrt zur **Beilsteiner Ley** vorbei. Vielleicht ist ein Blick möglich, wenn die Arbeit im Steinbruch ruht. Zusammen mit der Schmalburger Ley südlich des Dorfes stellt sie nämlich einen der schönsten Basaltaufschlüsse im Westerwald dar. Wir gehen nun unter der Fahrstraße hindurch linker Hand nach **Beilstein** (1.15 Std.) hinein.

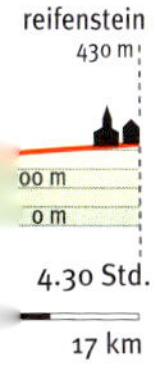

Auch die Herren von Beilstein haben bei der Gründung ihrer Burg (12. Jh.) einen Basaltstock als Fundament genutzt. Außer der Ruine verdienen die alte Zentscheuer und vor allem die Schlosskirche mit ihrem imposanten Turm Beachtung. Deren Fußboden ist mit Steinen nach Art eines Mosaiks ausgelegt, eine Art, die mehrfach im hessischen Westerwald, so auch in Greifenstein, anzutreffen ist.

Wir folgen nun der Landstraße (L 3282) östlich aus dem Ort in Richtung Holzhausen. Nach etwa 2 km verlassen wir die Straße vor dem Stausee nach links, um diesen zu umrunden. Nach der Umrundung kehren wir hinter dem Damm wieder auf die Straße zurück und streben auf **Holzhausen** zu (2.30 Std.).

Dort zweigt in Ortsmitte links die Straße zum Dilltal (Greifenthal, Katzenfurt) ab, der wir bergan folgen. Links breiten sich Felder und Wiesen

Blick hinauf zu den Türmen Burg Greifensteins

aus, während von rechts der Wald näher heranrückt. Die Abzweigung der Nebenstraße links nach Greifenstein auf dem Sattel ignorieren wir. Erst ein gutes Stück bergab bei einem einzelnen Gehöft biegen wir links in den Wald ein. Den Fahrweg lassen wir weiterziehen und halten uns links, entsprechend der Wegemarkierung (D1), die uns zur Lungen- und Bronchial-Heilanstalt **Elgershausen** (3.30 Std.) führt.

Von hier geht es weiter in nordöstlicher Richtung kräftig bergan, bis beim Verlassen des Waldes die Silhouette von Burg Greifenstein über dem gleichnamigen Dorf erscheint. Wir gehen durch das Dorf zur **Burg** hinauf (4.30 Std.). Ihre Besichtigung sei Höhepunkt unserer Wanderung.

Wie so oft im Westerwald haben die Gründer der Burg (1002 erwähnt) einen natürlichen Basaltstock zum Fundament gewählt. An der Nordflanke, wo ein Angriff am meisten zu fürchten war, verwachsen mächtige Zwillingstürme zu einer Schildmauer. Zu Beginn der Neuzeit haben die Grafen von Solms den mittelalterlichen Bau den wehrtechnischen Erfordernissen entsprechend modernisiert und in eine Festung umgewandelt. Eine Besonderheit bildet die Schlosskirche (1683), die auf der mittelalterlichen Wehrkapelle aufsitzt. Der Neubau erhielt eine aufwendige Ausstattung mit Wand- und Deckenstukkaturen im Stil des Barock. Vom Kirchplatz genießen wir die ausgezeichnete Sicht auf das mittlere Dilltal und die Höhen des Taunus.

Fachwerk und Natur

Herborn und Umgebung

Herborn an der ›Deutschen Fachwerkstraße‹ ist eine der schönsten Städte innerhalb des Westerwaldes und gehört mit Haiger zu den ältesten der Gegend. Die Umgebung ist außergewöhnlich reich an erdgeschichtlichen Zeugnissen und Naturschönheiten.

DIE WANDERUNG IN KÜRZE

++ Anspruch

5.30 Std. Gehzeit

20 km Länge

Charakter: Die sich langhinziehende Steigung von Herborn an und der Weg durch die Erdbachschlucht können für Ungeübte mühsam werden. Die Überquerung des Goldbaches ist mit Kinderwagen und Rollstuhl nicht möglich.

Wanderkarte: TK 1:50 000 L 5314 Dillenburg

Einkehrmöglichkeiten: Große Auswahl in Herborn und Haiger, Erdbach, Breitscheid, Langenaubach

Anfahrt: Mit dem Kfz: Über die A 45 Dortmund–Frankfurt bis Ausfahrt Herborn-Nord bzw. Herborn-Süd, B 255; parken im Bereich der Innenstadt; **mit öffentlichen Verkehrsmitteln:** Herborn liegt an der Bundesbahnstrecke (Dortmund–) Siegen–Wetzlar (–Frankfurt). Busverbindungen u. a. in Richtung Koblenz, Dillenburg, Haiger, Rennerod und Wetzlar.

Herborn war einmal Universitätsstadt, die kleinste in Deutschland. An der ›Hohen Schule‹ studierte manche spätere Berühmtheit. Mittelpunkt der zauberhaften Altstadt ist das ansehnliche Rathaus am Markt, den einen Brunnen mit Wappenlöwen ziert. Das Doppelhaus gegenüber ragt unter den Fachwerkbauten hervor, an denen Herborn überaus reich ist. Auch Teile der mittelalterlichen Stadtbefestigung blieben erhalten.

Die **Hauptstraße** (Fußgängerzone) mündet nördlich vor der **Obertorbrücke,** die sich rechts über die Dill spannt. Von hier brechen wir auf, wobei bereits in der Stadt die Wegemarkierung (weiße »I« auf schwarz) die Orientierung erleichtert. Sie geleitet uns ohne Umwege westwärts bergan aus der Stadt hinaus zur **Autobahn,** die wir auf einer Brücke überqueren.

Jenseits der A 45 gehen wir in den Wald hinein und in der bisherigen Richtung geradeaus weiter. Später zieht unser Weg durch die Feldflur, und wir bemerken rechts am Wald einen **Steinbruch.** Am Nordrand von **Amdorf** (1 Std.) stoßen wir auf eine Straße, der wir nach rechts folgen bis linker Hand die Straße nach Erdbach abzweigt. Wo diese rechts die Gleisanlagen überquert, führt diesseits der Bahn ein Pfad in den Wald,

dem wir uns bis zum Goldbachtal anvertrauen. Etwa 200 m, bevor wir dieses erreichen, klettern wir die Böschung hinab und gehen auf der stillgelegten Bahnlinie weiter, um so den **Goldbach** zu überqueren. Auf der anderen Seite des Baches angekommen, können wir wieder südlich

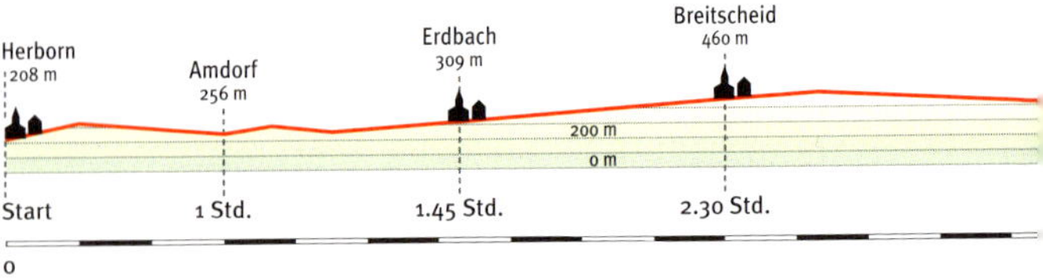

der Bahntrasse weitergehen, bis dann am Wald der Weg die Seite wechselt. Von links zieht die alte Bahnlinie von Schönbach herbei. Wir

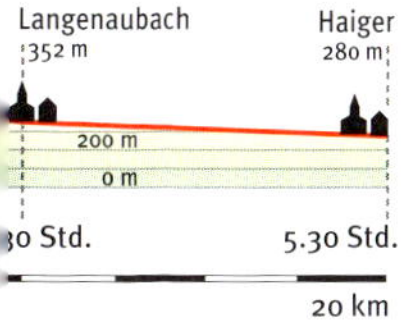

laufen jenseits weiter dem **Erdbach** aufwärts folgend bis zum Ort gleichen Namens (2 Std.).

Der Bach selber tritt erst kurz vor Erdbach wieder ans Tageslicht, nachdem er ein Stück oberhalb, nicht weit von Breitscheid entfernt, in der Erde verschwunden ist. Dieses Phänomen erklärt nicht nur den Namen, sondern kennzeichnet auch die besondere geologische Situation dieser Gegend, die durch ausgedehnte Kalksteinvorkommen geprägt ist, und die solche Erscheinungen erst möglich macht.

Gegenüber dem Museum (Alte Schule) in Erdbach stehen in einem ehemaligen Steinbruch etwas jüngere ›Kohle‹-Schichten (Karbon: Kulm) an. Die reichen Fossilienfunde haben in der Fachwelt großes Aufsehen erregt, zugleich aber Anlass gegeben, das Gebiet unter Naturschutz zu stellen.

Vom Endpunkt der alten Bahnlinie führt in südwestlicher Richtung ein Fahrweg direkt auf den ehemaligen **Kalksteinbruch** (NSG) zu, wo der Erdbach zu Tage tritt. Wir gehen daran links vorbei und weiter im Rolsbach-Tal, bis Schilder nach rechts den Fußpfad zur **Großen** und **Kleinen Steinkammer** (NSG) weisen, die versteckt oberhalb im Waldhang liegen. Fundstücke wie Scherben, Schmuck und bearbeitete Knochen beweisen, dass beide Höhlen in frühgeschichtlicher Zeit (Hallstattzeit) bewohnt waren.

Wir gehen zurück zur ›Erdbachquelle‹. Rechts davon führt unser Weg (I) westwärts durch die Erdbachschlucht (NSG) hinauf nach Breitscheid. Die Route kennzeichnet den Weg, den einst der Erdbach floss, ehe er unterirdisch seinen Lauf nahm. Durch den kalkhaltigen Untergrund gedeiht im Bereich der

Große Steinkammer bei Erdbach

Schlucht eine artenreiche Flora und gestaltet den Gang für Pflanzenliebhaber besonders im Frühjahr recht abwechslungsreich.

Aus dem Wald heraus gelangen wir auf die Straße, an der wir nun bis **Breitscheid** (2.30 Std.) entlanggehen. Am Ortsrand bestaunen wir die ›Bachschwinde‹, wo der Erdbach in die Hohlräume des Kalkgesteins – übrigens die größten Höhlen in Hessen! – hinabstürzt. Wir gehen dann durch den Ort hindurch, am Bahnhof vorbei und orientieren uns nun am Wegzeichen »8«, dem wir nordwärts folgen bis zur K 41, die wir nach links überqueren. An der kurz darauf folgenden Gabelung halten wir uns links und folgen dem Weg ein Stück in südwestlicher Richtung; nach etwa 500 m wendet er sich nach Nordwesten.

Bald können wir durch einen Tunnel am Wegesrand in einen stillgelegten **Steinbruch** (NSG) blicken. Beim Gesteinsabbau wurde ein Basaltschlot ausgeräumt, sodass wir so etwas wie eine Momentaufnahme eines Vulkanausbruches erhalten, der während der Braunkohlenzeit (Tertiär) älteres Gestein (Karbon) durchschlagen hat.

Beim **Eisenbahntunnel** bemerken wir links der Gleise in der Felswand kissenförmiges Gestein *(Pillows Diabas)*. Es ist sehr viel älter als der Basalt, aber besteht wie dieser aus erstarrtem Magma. Als im Erdaltertum (Devon) ein Meer unsere Gegend bedeckte, quoll Lava aus dem Erdinnern und erstarrte am Meeresboden bei der Abkühlung zu diesen Gebilden hier.

Wir lassen den Fahrweg zur Straße und nach Langenaubach unbeachtet und folgen jenseits der Gleise dem Fußweg ab **Aubach** entlang talwärts. Gleich zu Beginn des Weges ragt rechts das so genannte **Wildweiberhäuschen** (4 Std.), ein Kalkfelsen, etwa 40 m empor. Es ist der imposante Rest eines Korallenriffs aus dem Warmmeer des Erdaltertums. In seinen Höhlungen fanden in Kälteperioden der Erdneuzeit eiszeitliche Tiere und ihre Jäger Unterschlupf, wie man aus Funden schließen kann. Naturfreunde haben ihre Freude an der artenreichen Flora mit Akelei und Seidelbast.

Wir bleiben auf dieser Seite des Aubaches und folgen dem Waldweg weiter talwärts, wobei der Bach zugleich Wegweiser ist. **Langenaubach** (4.30 Std.) lassen wir links liegen und gehen weiter den bewaldeten Hängen entlang, sehen links die Farbmühle und kommen bald in **Haiger** (5.30 Std.) an.

Für die Rückreise nach Herborn bestehen Bahn- und Busverbindungen ab Haiger-Bahnhof bzw. Haiger-Zentrum.

Durch die Haigerer Mark

Rund um Dillenburg

Haiger-Burbach ist häufig Schlagwort der Verkehrsnachrichten im Radio, wenn von Glatteis und Unfall die Rede ist. Wir stehen in der Tat vor einer Wasser- und Wetterscheide, viel umkämpft im Laufe der Geschichte und noch heute Grenze zwischen Hessen und Nordrhein-Westfalen.

DIE WANDERUNG IN KÜRZE

++ Anspruch

5 Std. Gehzeit

20 km Länge

Charakter: Lediglich die Wegsteigungen an den Hängen des Dilltales stellen gewisse Anforderungen an Ungeübte.

Wanderkarte: TK 1:50 000 L 5314 Dillenburg

Einkehrmöglichkeiten: Dillenburg, Haiger, Donsbach

Anfahrt: Mit dem Kfz: Über die A 45 bis Abfahrt Dillenburg; **mit öffentlichen Verkehrsmitteln:** Dillenburg liegt an den Bundesbahnstrecken (Dortmund–) Siegen–Wetzlar (–Frankfurt) sowie Köln–Betzdorf–Dillenburg. Busverbindungen bestehen u.a. in Richtung Dillenburg und Wetzlar.

Dillenburg verdankt Ursprung und Namen der 1240 durch Graf Heinrich von Nassau erbauten Burg, die um 1500 zu einer Festung umgebaut wurde. Dennoch konnten die Franzosen während des Siebenjährigen Krieges den wehrhaften Komplex in Brand schießen (1760). Die Kasematten vermitteln eine Vorstellung von der Größe der Anlage.

Der Wilhelmsturm entstand 1872-75 zum Gedächtnis an Prinz Wilhelm von Oranien (›der Schweiger‹, geb. 1533 in Dillenburg), der hier den Freiheitskrieg der Niederländer gegen Spanien organisiert hat (›Wilhelmus von Nassaue‹). Hier wurde auch Prinz Moritz von Nassau-Siegen geboren, der wesentlich zur friedlichen Erschließung Brasiliens beigetragen hat (1636-44). Attraktionen der Stadt sind u.a. das Gestüt, die klassizistischen Bauten in der Wilhelmstraße und das Fachwerk am Hüttenplatz.

Am **Wilhelmsturm,** dem Wahrzeichen von Dillenburg, brechen wir auf und steigen hinunter zur Marbachstraße, auf der wir links weiter gehen bis zur Kurve. Wir folgen geradeaus der Alten Rheinstraße unter der **Autobahn** hindurch und weiter halbrechts bergan. Die Wege-Markierungen ›Dillwanderweg‹ »D3« und »D4« sind nun bis Haiger maßgebend. Wie der Name ›Alte Rheinstraße‹ unserer Ausgangsstraße in Dillenburg verrät, bewegen wir uns zum Teil auf einer historischen Strecke. Sie führt uns bergan von der Autobahn fort und schließlich in den Wald. Dem Gelände entsprechend ändert der Weg wiederholt seine Rich-

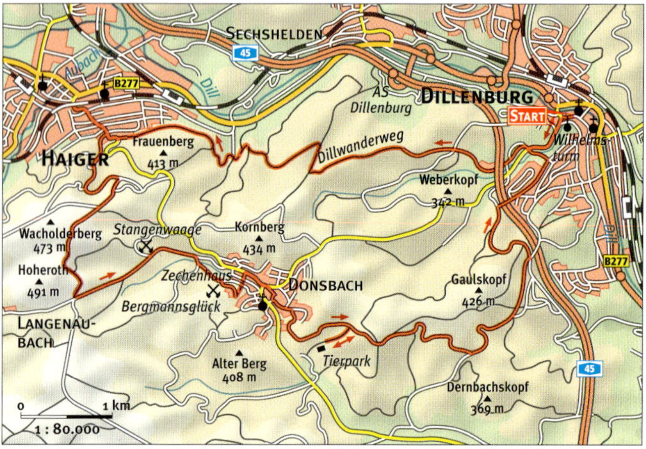

tung. Wir müssen Acht geben, wenn die ›Rheinstraße‹ links abbiegt, denn dort macht unser Weg einen starken Knick nach rechts. Wir orientieren uns dabei an der Markierung »X« bzw. »19«. Nachdem wir in ein **lichtes Tälchen** gekommen sind, müssen wir uns links an der Talflanke halten und dürfen nicht rechts bergauf gehen. Wir haben westwärts noch einen bewaldeten Bergriegel zu überwinden und wandern dann an der Nordflanke des **Frauenbergs** entlang und zuletzt am Waldrand bis zur Straße, die von Donsbach herbeiführt und uns ins **Zentrum** von **Haiger** bringt (2 Std.). Dieses ist für uns gar nicht zu verfehlen, wenn wir uns einfach an der schon von weitem sichtbaren **Kirche** orientieren.

Haiger gehört mit Herborn zu den ältesten Städten im Westerwald. Schon 778 urkundlich erwähnt, bildete es den Mittelpunkt der Haigerer Mark. Obwohl schon um 900 in der Hand der Konradiner-Könige, wuchs Haiger erst im 14. Jahrhundert zu einer Stadt heran. Doch schon bald liefen ihr die Nachbarstädte den Rang ab. Erst die Eisenbahn sorgte für neuen Aufschwung.

Die Sehenswürdigkeiten des Ortes liegen gleich westlich vom Rathaus. Von hohem Rang ist die Kirche (15. Jh.) wegen ihrer Fresken mit der Leidensgeschichte Christi. Die Liebe zum Detail geht so weit, dass sogar die Höllenpein der Verdammten realistisch zur Darstellung kommt. Im Haus Fischbach, einem ansehnlichen Fachwerkbau am Marktplatz, ist das Heimatmuseum untergebracht.

Die uns vom Herweg bekannte Straße nach Donsbach gibt die Rich-

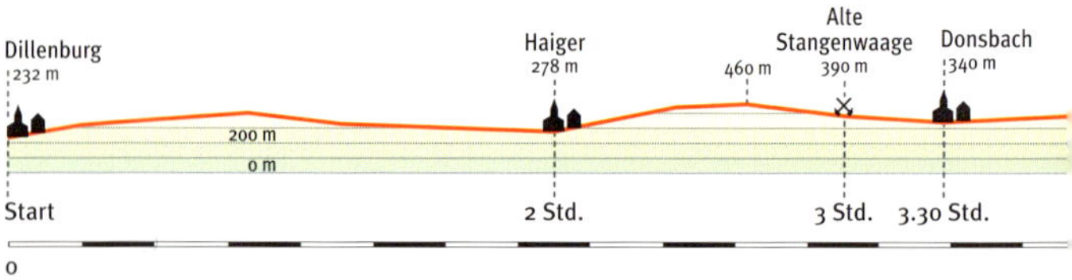

Fachwerkhäuser von 1791 in Dillenburg-Donsbach

tung für den Abmarsch an. Am **Stadtrand** verlassen wir die Straße und gehen rechts ab in das Tälchen (Wegezeichen: weiße »8« auf schwarzem Grund), an einem alten Steinbruch vorbei und in einer Linkskehre steil bergan und dann scharf rechts weiter bergauf, während der abzweigende Weg geradeaus uns zurück ins Tal führen würde. Oben am **Waldrand** haben wir die Höhe beim **Wacholderberg** (rechts) erreicht. Wir lassen das Wanderheim rechts liegen, durchqueren ein lichtes Tälchen und gehen am Osthang des **Hohenroth** weiter südwärts und in das Quertal hinab. Auf der Talsohle stoßen wir auf einen Fahrweg, dem wir nach links folgen und ziehen schließlich mit dem **Donsbach** zur Linken dem gleichnamigen Ort entgegen. Dabei geht es allmählich talwärts . Wir bleiben aber nicht bis ins Ortszentrum auf unserem Weg, sondern nehmen an der Weggabelung kurz vor dem Ort den rechten Abzweig, von dem wir aber auch gleich wieder links abbiegen. Auf diesem Weg laufen wir auf die Kirche zu.

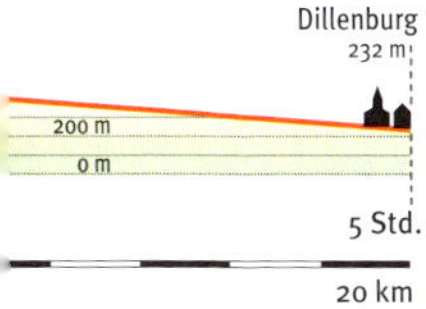

Donsbach (3.30 Std.) besitzt einige schöne Fachwerkhäuser mit bezeichnenden Inschriften. Die regelmäßige Bebauung, wie sie uns heute vor Augen tritt, erfolgte nach einem verheerenden Brand im Jahre 1791. Südöstlich des Dorfes liegt ein Wildpark. Wir gehen an der Kirche vorbei, dann links und in östlicher Richtung aus dem Dorf hinaus. Hinter den letzten Häusern verlassen wir den Fahrweg und halten uns halblinks (Markierung »2«) ein Stück am Waldrand entlang und dann in den Forst hinein. Wir bewegen uns über den bewaldeten Südhang des **Gaulskopfes** bis wir auf einen breiten Fahrweg stoßen. Auf ihm überqueren wir die Autobahn und gelangen durch die Straße ›Vogelstange‹ an Tennisplätzen vorbei zum Wilhelmsturm in **Dillenburg** (5 Std.).

Tour 33

Schächte an der Schelde

Durch den Schelderwald bei Dillenburg

Steinreich ist das Land östlich der Dill. Die Monotonie von Basalt, Sandstein und Schiefer des Westerwaldes verdrängt nun eine Vielfalt von Gestein, Mineralien und Erzen, die der Mensch seit Jahrhunderten abgebaut hat. Mildes Grün verschleiert längst die Wunden der Landschaft, in der wir uns umsehen wollen.

DIE WANDERUNG IN KÜRZE

++ Anspruch

5 Std. Gehzeit

19 km Länge

Charakter: Trotz der relativ langen Wegstrecke kann die Wanderung jedermann empfohlen werden.

Wanderkarte: TK 1:50 000 L 5316 Gladenbach

Einkehrmöglichkeiten: Oberscheld, Tringenstein

Anfahrt: Mit dem Kfz: Ab Dillenburg B 277 in Richtung Herborn, nach 4 km links abbiegen in Richtung Oberscheld/ Angelburg; Parkmöglichkeit am Freibad; um dorthin zu gelangen, folgen wir der Straße in Richtung Eisenroth und biegen am Ortsende links ab. **Mit öffentlichen Verkehrsmitteln:** An Werktagen Bahnverbindung Herborn–Hartenrod und VLD-Bus Siegbach–Mittenaar.

Als altes Bergmanndorf ist **Oberscheld** passender Ausgangsort für unsere Wanderung. Hier mündet die Tringensteiner Schelde oder Irrschelde, die fürs Erste die Richtung unserer Wanderung bestimmt, in die Schelde. Oberscheld war einst Mittelpunkt des Eisenerzabbaues und seiner Verhüttung. Von Wohlstand früherer Zeiten kündet die schmucke Saalkirche (1692). Die Lagerstätten sind keineswegs erschöpft. Ihre Ausbeutung wäre heute im internationalen Vergleich jedoch zu teuer. Der Augustusstollen, rechts vom Freibad in einem Seitental, und weiter südlich die Grube Handstein erinnern an verwaiste Arbeitsplätze. Die Stilllegung der Gruben hat aber auch frisches Grün wuchern lassen, was nun dem Erholungssuchen und Wanderer zugute kommt.

Vom **Parkplatz am Freibad** gehen wir im **Tal der Irrschelde** bachaufwärts (Markierung »D 6«). Die Tal-

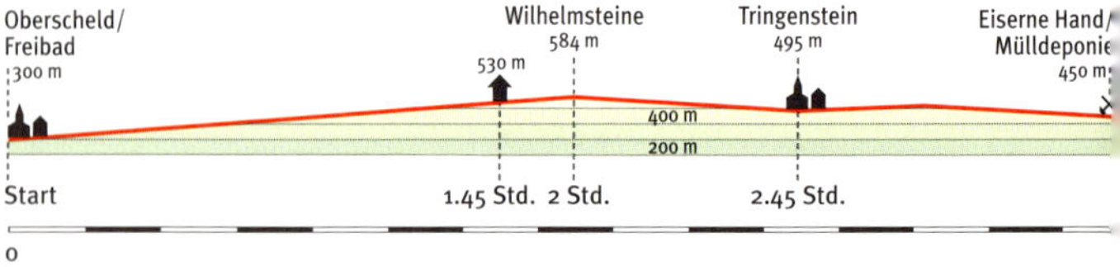

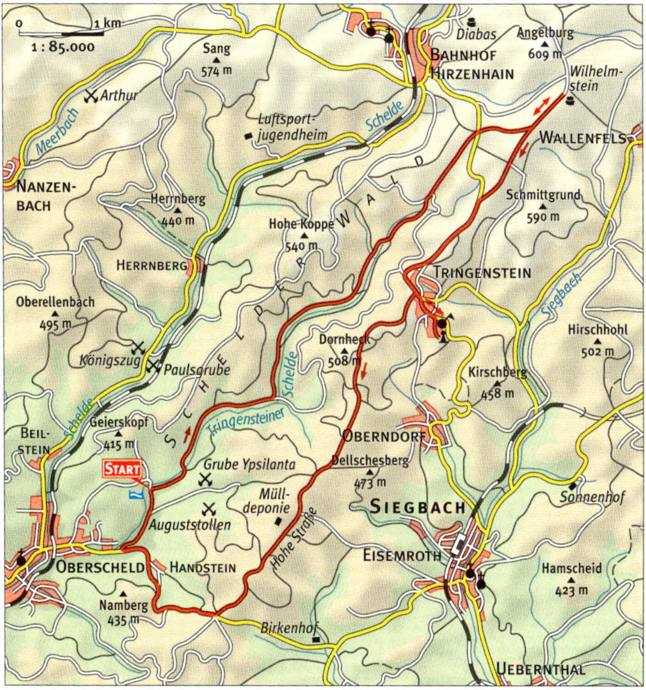

aue, aus Wiesen oder Weiden bestehend, wird von den durchweg bewaldeten Bergflanken mit Buche, Eiche und Hainbuche eingefasst. Den Schelderbach säumen Erlen, Hainbuchen und Pappeln. Durch die Art ihrer Nutzung sind die Wiesen recht artenarm. Etwa auf halbem Weg endet die Asphaltierung. Später lichtet sich links der Wald und gibt den Blick frei zur Hohen Koppe. Wir gehen geradeaus weiter bis zur **Straße Hirzenhain-Tringenstein** (1.45 Std.).

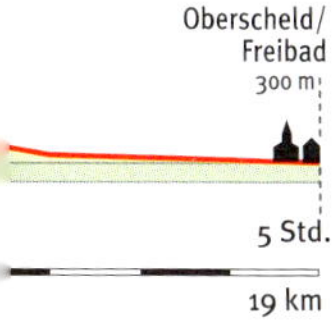

In der Schutzhütte auf der anderen Straßenseite erläutert eine Basalttafel das Wegenetz. Wir gehen hier geradeaus weiter (Markierung »21«) bis wir auf die ›Hohe Straße‹ stoßen, der wir nach links folgen (»D 6« weiß), bis wir bei der **Jagdhütte** rechts vom Weg mit wenigen Schritten die **Wilhelmsteine** (2 Std., ND) erreichen. Die bizarre Felsgruppe besteht aus so genanntem Eisenkiesel. Dank seiner Härte konnte er der Erosion trotzen. So witterte das etwa 30 m hohe Gebilde aus seiner Umgebung heraus. Namensgeber ist Graf Wilhelm von Nassau, der oft zur Jagd hier oben weilte.

Wir gehen zurück zur ›Hohe Straße‹ und folgen ihr südwärts. Sie verband Jahrhunderte lang die Messestadt Leipzig mit den Handelszent-

Bergbauruine im Schelderwald

ren in Brabant. Heute ist sie Teil des ›Hessenweges 1‹ (Markierung: weißes »X« bzw. »1« auf schwarzem Grund) zwischen Diemelsee und Eltville. Den Wegezeichen entsprechend biegen wir bald links von der Straße ab und gehen durch ein Waldtal weiter nach Süden und schließlich rechts darüber im Waldhang weiter bis wir im Freien dann die Siedlung **Steinwerk** erreichen. Dort biegen wir links ab auf die Straße, die uns links nach **Tringenstein** (2.45 Std.) bringt. Der Bergkegel über dem Dorf trug seit 1351 die Burg Murstein zur Sicherung der Hohen Straße. Nachdem der Landgraf von Hessen die Öffnung der Burg durchgesetzt hatte, hieß sie dann Tringenstein. Noch während des Dreißigjährigen Krieges gewährte sie der Bevölkerung Zuflucht. Dann zerfiel sie restlos.

Wir gehen denselben Weg aus dem Dorf zurück bis an die Straßenkreuzung am Ortsrand. Hier führt links unser Wanderweg (X, D 6) weiter in südwestlicher Richtung bis zur **Dornheck** (3 Std.), die eine ausgezeichnete Rundsicht gewährt. Im folgenden Abschnitt bewegen wir uns näher am Wald und treten bei einer Schutzhütte schließlich ganz in ihn ein. Eiche, Hainbuche, Feldahorn und Kiefer bauen vielfach die Bestände auf. Perlgras, Alant und Wald-Platterbse bilden an lichten Stellen feine Säume. Schließlich passieren wir eine Mülldeponie, die hier auf dem Gelände der ehemaligen **Grube ›Eiserne Hand‹** eingerichtet worden ist. Weil das Eisenerz im Tagebau gewonnen wurde, eignete sich das Areal zur Verfüllung und mag so als Beispiel für die Folgenutzung von Bergbaugelände dienen.

Wir gehen auf dem bezeichneten Weg weiter durch den Wald und bemerken ständig neu Spuren des einstigen Bergbaus. Schließlich stoßen wir auf die **Landstraße,** die von Eisemroth nach Oberscheld (4 Std.) führt. Wir folgen ihr nach rechts, an der ehemaligen Grube Handstein vorbei, bis wir rechts auf bekannten Pfaden zum **Frei-bad** abbiegen, dem Ausgangspunkt unserer Wanderung in **Oberscheld** (5 Std.).

Über den Rennweg

Auf der Hörre

Hier wurden und werden keine Rennen ausgetragen. Der Name stammt vielmehr aus Zeiten, als Ochsenkarren mit schweren Lasten über die Hörre ächzten. Es war so eine Art mittelalterlicher Zubringer zur ›Leipziger‹ oder ›Hohen Straße‹. Längst ist es still geworden, und die Trasse ideale Route für Wanderer.

DIE WANDERUNG IN KÜRZE

++
Anspruch

4.30 Std.
Gehzeit

17 km
Länge

Charakter: Der Anstieg aus dem Dilltal bis hinauf zum Rennweg kann als mühsam empfunden werden. Im Übrigen ist die Strecke gut zu bewältigen.

Wanderkarte: TK 1 : 50 000 L 5316 Gladenbach

Einkehrmöglichkeiten: Sinn, Bellersdorf, Altenkirchen, Niederweidbach

Anfahrt: Mit dem Kfz: Über die A 45 Dortmund–Frankfurt bis Abfahrt Herborn-Süd, weiter über die B 277 bis Sinn; **mit öffentlichen Verkehrsmitteln:** Mit der Bundesbahn Siegen-Wetzlar bis Bhf. Sinn; mit dem Omnibus Herborn-Sinn; von Niederweidbach nach Herborn, Dillenburg, Marburg und Wetzlar. Für den Rückweg von Niederweidbach bestehen Busverbindungen nach Dillenburg, von wo mit Bahn und Bus Sinn erreicht werden kann.

Die Glocken aus **Sinn** läuten in aller Welt. Bereits im 16. Jahrhundert war der Meister Hans Rincker eine Berühmheit. Die Nachkommen betreiben noch heute eine Glockengießerei (Besichtigung!). Ansässig sind hier aber noch andere Firmen. In angenehmen Kontrast dazu stehen die Fachwerkbauten in der Ortsmitte und die Fachwerk-Kirche (1631).

Hier beginnt unsere Wanderung über die Hörre, einen bewaldeten Höhenzug zwischen Aartal und Lempbach. Örtliche Wegezeichen (»S 5« weiß) geleiten uns am **Schwimmbad** vorbei in den Wald und stetig bergan. Ohne auf Abzweigungen zu achten halten wir die nordöstliche Richtung bis wir auf der Höhe den **Rennweg** (Dill-Höhenweg links: schwarzes »D« auf weißem Grund und »X 27« gelb) erreichen. Wir wenden uns rechts und genießen bald beim Parkplatz mit Schutzhütte und Grillmöglichkeit eine gute Aussicht über das Dilltal hinüber (›Westerwaldblick‹).

Die Route führt nun ständig ostwärts und fast ausschließlich durch Wald. Am **Stellbeutel** (429 m) erreichen wir ihren höchsten Punkt. Die Hörre gipfelt in der Alteburg (445 m), an der wir nach 20 Min. (vom Stell-

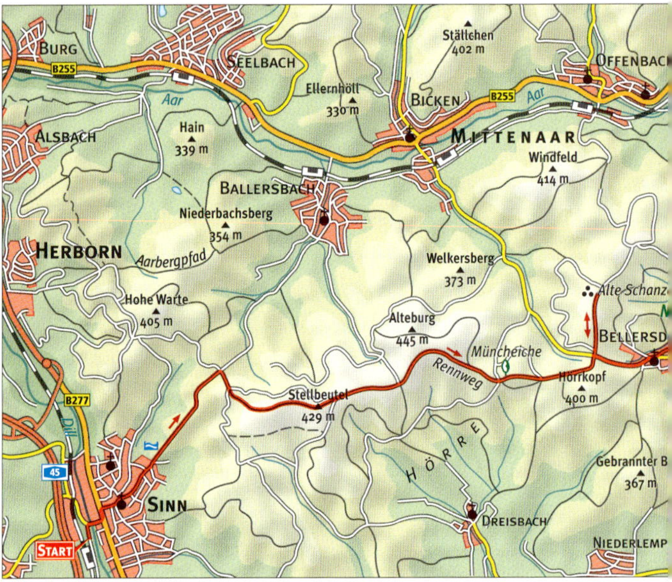

beutel aus gerechnet) vorbei kommen, die wir aber links liegen lassen (400 m nördlich). Die Wegkreuzung mit dem **Baumriesen** darf uns nicht von der bisherigen Richtung abbringen. Wir gehen einfach geradeaus weiter. Dann stoßen wir schließlich auf die Straße **Bicken-Bellersdorf.**

Hier bietet sich die Gelegenheit zu einem kleinen **Abstecher:** Wir überqueren die Straße in nördlicher Richtung und gehen zunächst weiter geradeaus und kommen nach 800 m an die **Alte Schanze.** Die Befestigung diente der Sicherung der alten Fernstraßen, darunter der Hohen Straße, die im Verlauf der Landstraße vorbeizog.

Zurück an der **Chaussee** wenden wir uns nach links und folgen ihr aus dem Wald heraus nach **Bellersdorf** (2.30 Std.). Der im Mittelalter gegründete Ort war im 15. Jh. eingegangen. Die Wüstung konnte aber nach dem Dreißigjährigen Krieg wiederbelebt werden und gewann wiederholt Anerkennung als ›schönstes Dorf‹. Am Brunnenweg 150 m nördlich vom Ortsrand erhebt sich in einer Wiese eine 400 Jahre alte mächtige Linde (ND). Von Bellersdorf führt in nordwestlicher Richtung ein

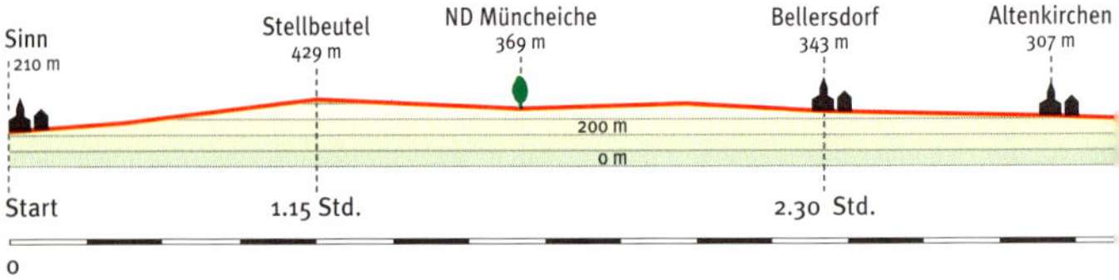

örtlicher Wanderweg (»B 1« weiß) durch die Feldflur an einer **Ziegelei** vorbei geradewegs nach **Altenkirchen** (3.15 Std.). Bei der **Kirche** gehen wir zunächst rechts, biegen aber bei dem Wegweiser in Richtung Ahrdt links ab und folgen der Landstraße. Nach einiger Zeit berührt sie den Rest eines mit Wacholderheide bestandenen Naturschutzgebietes. Diese Vegetationsform war früher im Rheinland weit verbreitet. Ebensowenig wie die Lüneburger Heide ist sie natürlich, sondern durch Überweidung entstanden. Ohne menschliches Zutun würde bald wieder Laubwald das Gebiet überwuchern und den Wacholder verdrängen. Man lernt, dass in unseren Breiten Naturschutz oft gar keine Natur, sondern vom Menschen geschaffene Landschaften bewahrt und dass deren Erhaltung meist nur durch gezielte Eingriffe gelingt. Links von **Ahrdt** (4 Std.) am Nordosthang des Roßberges steht ein weiteres Wacholdervorkommen unter Schutz.

In Ahrdt wählen wir die zweite Straße rechts, die dann sofort links über den Aartalsee und am Wasserwerk vorbei nach **Niederweidbach** (4.30 Std.) führt. Hier erreichen wir das Ziel unserer Wanderung und zugleich eine der ›top ten‹ des Westerwaldes: die **Kirche.**

Schon in der Steinzeit war diese Niederung besiedelt, wie Funde (Neolithikum, 4500-2000 v.Chr.) bestätigen. Eine Schenkungsurkunde (8. Jh.) an das Kloster Fulda erwähnt erstmals den Ort. Die heutige Kirche (14. Jh.) diente einmal als Wallfahrtskirche auf dem Pilgerweg zum Grab der hl. Elisabeth in Marburg. Die angeblichen Schießscharten im Westgiebel betonen aber auch ihren wehrhaften Charakter. ›Sicherheit auf der Straße‹ galt schon im Mittelalter, zog doch die Hohe oder Leipziger Straße vorbei und hatte hier einen Etappenpunkt zwischen Marburg und Herborn. Da bildete die Kirche mit Luthers Wort ›eine feste Burg‹. Die Einrichtung ist sehenswert. Eine Kostbarkeit ersten Ranges und einmalig im Westerwald ist der Schnitzaltar (1510/20). Die Gemälde auf den Altarflügeln stammen von Hans Döring, der von Albrecht Dürer beeinflusst war.

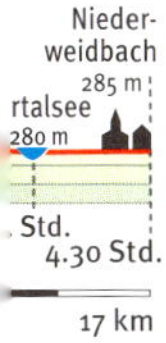

Tour 35

Kratzputz im Hinterland

Durch die Gladenbacher Schweiz zum Hünstein

Das sei kein Westerwald mehr, behaupten manche und reden vom Hinterland. Dann muss schon etwas Besonderes an dieser Landschaft sein, dass sie so krasse Unterschiede an den Tag legt. Sehen wir uns selber einmal um!

DIE WANDERUNG IN KÜRZE

+++ Anspruch

7 Std. Gehzeit

26 km Länge

Charakter: Die Gladenbacher Schweiz bringt schon in ihrem Namen den Charakter des betreffenden Wegeabschnitts zum Ausdruck. Er ist für Kinderwagen und Rollstuhl ungeeignet, wohl aber für Kleinkinder, wenn diese an der Hand geführt werden.

Wanderkarte: TK 1:50 000 L 5316 Gladenbach

Einkehrmöglichkeiten: Gladenbach, Rachelshausen, Holzhausen, Steinperf

Anfahrt: Mit dem Kfz: Über die B 255 von Marburg und Herborn, bzw. über die B 455 von Biedenkopf; **mit öffentlichen Verkehrsmitteln:** Mit der Bundesbahnlinie Herborn–Marburg bis Gladenbach. Vom Bahnhof sind es 1,5 km nordwärts über die Bahnhofstraße bis zur Stadtmitte.

Gladenbach als Ausgangspunkt unserer Wanderung steht auf geschichtsträchtigem Boden. Funde deuten daraufhin, dass hier bereits in vorgeschichtlicher Zeit (La-Tène) Menschen siedelten. Durch die alten Fernwege, denen in etwa die heutigen Bundestraßen folgen, besaß diese Stätte (Ersterwähnung 1237) von jeher eine nicht geringe Bedeutung und war sogar Haupt- und Gerichtsort für die Gegend. Prominente Gefangene, wie Erzbischof Ruprecht von Köln (1478–80), und Asylanten, wie Herzog Ulrich von Württemberg (1526-34), weilten im Amtshaus.

Sehenswert ist neben dem alten Amtshaus (1770) vor allem die Kirche. Die romanische Basilika wurde 1509 in gotischem Stil umgebaut. Im Innern bestechen die Wand- und Deckenfresken sowie die wertvolle

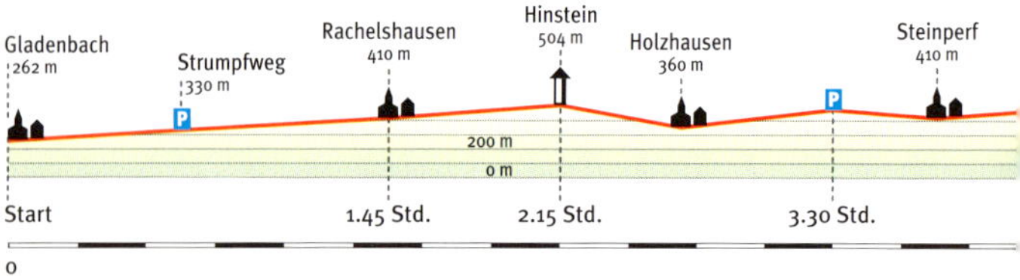

Hoftür in Holzhausen am Hünstein

Kanzel mit reichen Zinneinlagen (1700).

Wir verlassen die **Stadtmitte** über die Burgstraße und die anschließende Schlossallee bis zum Parkplatz am Kurpark. Gegenüber unweit des **Erholungsheims** können wir die Ruine der Burg Blankenstein besichtigen (13. Jh.). Die Markierungen leiten uns auf einen Fußpfad durch die Hinterländer Schweiz. Der Fußpfad wirkt manchmal geradezu alpin, was den Namen erklärt. Die bizarre Landschaft wird nämlich von unregelmäßigen Felsblöcken aus Eisenkiesel bestimmt, die ständig neue Ansichten bieten und auch schon mal harmlose Kletterei aufnötigen.

Am Ende der Felspartien steigen wir rechts aus dem Tal (Markierung »E 9«, rotes Quadrat) und folgen zunächst dem ›Strumpfweg‹ nach links, lassen die Wegekreuzungen unbeachtet bis sich unser Weg gabelt. Wir gehen rechts (Markierung »E 9«, rotes Quadrat) und steuern in nordwestlicher Richtung **Rachelshausen** (1.45 Std.) an. Die Dorfkirche (1680) ist ein zweigeschossiger Fachwerkbau mit Dachreiter des Typs, wie wir ihn häufig im östlichen Westerwald antreffen. Auch einige Bauernhäuser sind aus Fachwerk.

Wir gehen nordwärts aus dem Dorf und an dem Diabasbruch rechts vorbei und halten uns rechts auf dem Waldweg, der am Westhang des **Daubhauses** entlangführt. Rechts ragen wiederholt imposante Felsgruppen empor. Bei der ersten Abzweigung biegen wir links ab und gehen nordöstlich weiter. Links von uns bemerken wir abermals Felsgruppen. Der nächsten Weggabelung folgen wir nur wenige Schritte nach rechts und wählen die erste Abbiegung

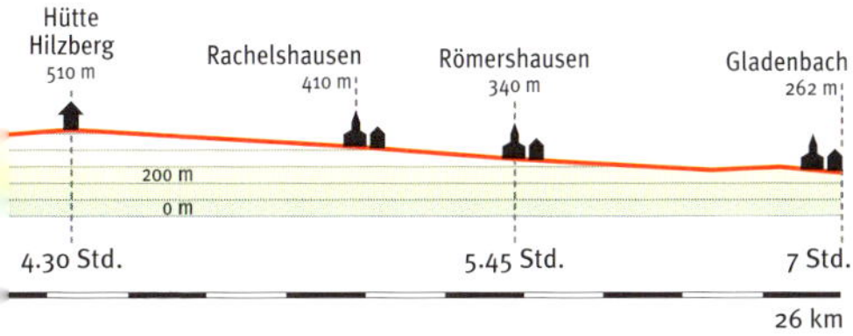

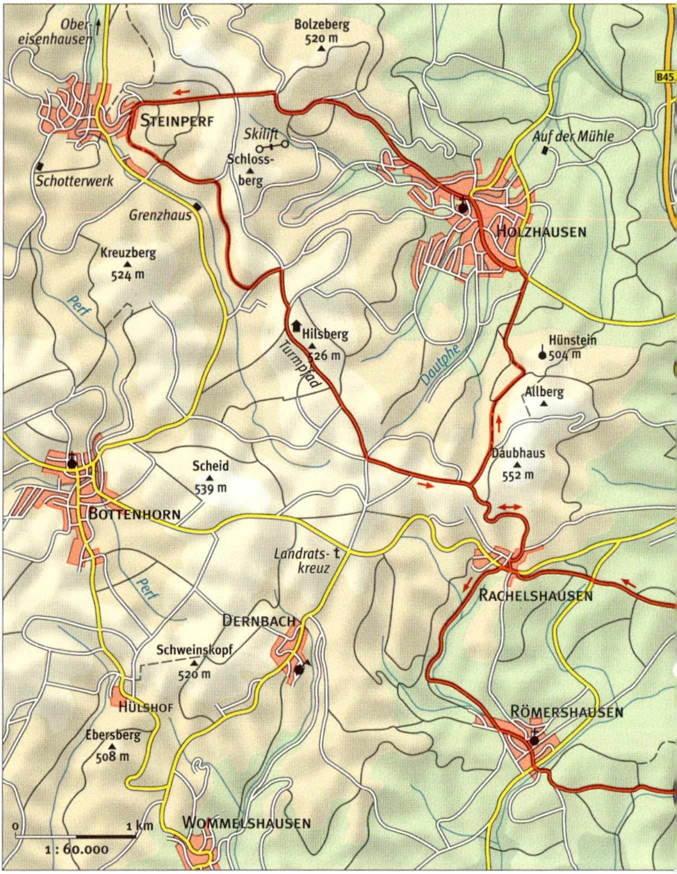

links, die uns gerade nach Norden unserem Ziel näher bringt, dem **Hünstein**.

Von dessen **Aussichtsturm** (2.15 Std.) genießen wir nicht nur den großartigen Rundblick. Beim Weg zum Turm sind uns nämlich hinderliche Unebenheiten und Felsen aufgefallen. Es handelt sich um Spuren der vorgeschichtlichen Besiedlung. Auch auf den benachbarten Anhöhen Daubhaus und Allberg sind Zeugnisse prähistorischer Besiedlung zu erkennen.

Vom Aussichtsturm steigen wir auf bekanntem Weg wieder südwärts durch den Wald hinab, halten uns jetzt aber rechts bis wir in nördlicher Richtung auf die Landstraße zulaufen (rotes Quadrat), die links nach **Holzhausen** (2.45 Std.) führt.

Als ›schönstes Dorf‹ von Deutschland ist es preisgekrönt, und dies wohl mit gutem Recht. Einzigartig ist der Bestand an Fachwerkbauten, deren Gefache mit Kratzputz verziert sind. Diese Technik, Blumen und Ornamente auf den verputzten Lehm

aufzubringen, besitzt im Hinterland eine alte Tradition. Beispiele finden wir in den meisten Dörfern, kaum irgendwo jedoch so dicht wie hier. Eindrucksvoll ist, wie phantasiereich die Motive abgewandelt werden.

Wir verlassen den Ort über die Straße nach Obereisenhausen, die nördlich der Kirche links abzweigt. Beim Parkplatz unterhalb des **Bolzebergs** (3.30 Std.) biegen wir nach links auf die Nebenstraße nach **Steinperf** ab. Mitten im Ort entdecken wir ein merkwürdiges, fensterloses Bauwerk mit barockem Schieferdach. Es handelt sich um ein **Backhaus** (18. Jh.), zu dem es in unserer Gegend nur noch zwei Beispiele dieser Art gibt.

In der Umgebung wird an mehreren Stellen Diabas gewonnen, den man gerne auch als ›Hinterländer Marmor‹ bezeichnet (vgl. Wanderung 31). Daneben ist in der Gegend Dachschiefer abgebaut worden. Seine ortstypische Ausbildung ist als ›Wissenbacher Schiefer‹ bekannt und war früher sehr beliebt.

Als Rückweg nehmen wir den Turmpfad (Markierungen: Dreieck, bzw. 31), der jenseits des Perfbaches in südöstlicher Richtung unterhalb der bewaldeten Hänge von Schlossberg und Hilsberg verläuft und beim Diabas-Steinbruch nördlich von Rachelshausen kurz unseren Hinweg kreuzt. Wir gehen zum Dorf hinab. Hier folgen wir aber nicht der Landstraße direkt nach **Römershausen,** sondern wählen den Weg, der westlich davon durch das stille Bachtal mit seinen bewaldeten Hängen zum gleichen Ziel führt (5.45 Std).

Wir kommen an der Kirche vorbei, lassen die Straßenkreuzung unbeachtet, bis die Straße nach einer Links- und dann Rechtskurve außerhalb des Ortes den Fahrweg nach Gladenbach (»X 25« rot, z. T. auch roter Punkt) entlässt, dem wir ostwärts folgen. Links lassen wir Kehlnbach liegen und überschreiten den gleichnamigen Bach. Links abbiegend kommen wir am **Sportplatz** vorbei, gehen aber nicht geradeaus zur Gladenbacher Schweiz, sondern halten uns rechts, umrunden den Burgberg und gelangen schließlich zum Parkplatz. Von hier sind es noch etwa 800 m bis zur Stadtmitte von **Gladenbach** (7 Std.).

Westerwälder Naturparks

In der Öffentlichkeit ist der Begriff Naturpark betont positiv besetzt, weil er eine besondere Erlebnislandschaft in Aussicht stellt. Diese Erwartung entspricht durchweg der gesetzgeberischen Festlegung, denn in § 16 benennt das Bundesnaturschutzgesetz Naturparks als großräumige Gebiete, die überwiegend als Landschaftsschutz- oder Naturschutzgebiete ausgewiesen sein sollen und sich wegen ihrer landschaftlichen Eigenart und Schönheit besonders für die Erholung eignen. Gleichlautend sind die entsprechenden Ausführungen im rheinland-pfälzischen Landespflegegesetz (§ 19) sowie im nordrhein-westfälischen Landschaftsgesetz (§ 44). Naturparks dienen jedoch weniger dem direkten Naturschutz, sondern überwiegend der Steuerung und Entwicklung der Erholungslandschaften für den Nahtourismus. Das moderne Naturpark-Management versucht, beide Ziele zur Zufriedenheit aller Beteiligten möglichst harmonisch anzunähern.

Von den 78 inzwischen bestehenden Naturparks in der Bundesrepublik Deutschland entfallen auf den Westerwald insgesamt fünf. Nur zwei davon liegen mit ihren Grenzen komplett innerhalb dieses Naturraums, die übrigen ragen zumindest mit einem gewissen Flächenanteil auf Westerwälder Gebiet.

Naturpark Siebengebirge

Der 1958 als erster in Nordrhein-Westfalen und vierter in der Bundesrepublik gegründete Naturpark ist mit seinen knapp 43 km² Fläche zwar der kleinste Naturpark, dafür aber mit fast identischer Grenzziehung gleichzeitig auch ein Naturschutzgebiet. Mehrfach hat man diese erlebnsiwerte Landschaft mit dem Europadiplom ausgezeichnet. Über 90 % der Naturparkfläche sind Wald. Naturräumlich umfasst sie das nördlichste an das Mittelrheingebiet angrenzende Bergland. Erdgeschichtlich stellt sie mit ihren vielgestaltigen Kuppen ein höchst eindrucksvolles Zeugnis des tertiärzeitlichen rheinischen Vulkanismus dar (vgl. Tour 1). Landschaftlich bietet sie viele Höhepunkte und von jedem eine überwältigende Fernsicht bis weit in die Niederrheinische Bucht. Seine Südgrenze, die gleichzeitig die Landesgrenze zwischen Nordrhein-Westfalen und Rheinland-Pfalz ist, schließt sich lückenlos an den folgenden Naturpark an.

Naturpark Rhein-Westerwald

Der 1962 als vierter in Rheinland-Pfalz und 21. in der Bundesrepublik Deutschland gegründete Naturpark ist nach der letzten Gebietserweiterung 446 km² groß und reicht von den Vulkanbergen im südlichen Vorfeld des Siebengebirges unter Aussparung des Neuwieder Beckens bis zum Sayntal. Der größte Teil entfällt auf den Landkreis Neuwied. Nur der Nordostzipfel gehört fast ganz zum Landkreis Altenkirchen, und im Südosten hat im Stadtgebiet von Bendorf auch der Landkreis Mayen-Koblenz noch einen kleinen Anteil. Sein Zuschnitt schließt damit einerseits die rechtsseitigen Talhänge des unteren Mittelrheintals ein (vgl. Tour 2 und 3), aber auch die Kuppen und Hochflächen des Vorderwesterwaldes (Niederwesterwald) mit den tief eingeschnittenen Talzügen von Wied, Saynbach und ihren Nebenbächen, die ebenfall in sehr engen Talschluchten verlaufen. Fünf Kernzonen, die ausschließlich der sehr stillen Erholung dienen, verteilen sich über die Naturparkfläche. Es sind der Rheinbrohler Wald auf dem wenig erschlossenen Rücken zwischen Wied und Rhein (Tour 3), ferner Fockenbachtal, Märker Wald (Tour 7), Heimbacher Wald und die so genannte Lahrer Herrlichkeit an der mittleren Wied (Tour 5).

Naturpark Nassau

Als dritten in Rheinland-Pfalz und 19. in der Bundesrepublik gründete man 1961 den heute 590 km^2 großen Naturpark, der das gesamte untere Lahntal von Diez bis zur Mündung (vgl. Touren 12 und 15) sowie die beiderseits angrenzenden Bergländer von Westerwald und Taunus einschließt. Etwa 55 % seiner Fläche entfallen auf die Westerwaldseite. Zu seinen landschaftlichen Highlights gehören die Montabaurer Höhe (Tour 8), das windungsreiche Gelbachtal (Touren 10 und 11), das tief eingeschnittene Emsbachtal (Tour 13) und das romantische Lahntal selbst (Touren 12 und 14). Die einzelnen Lebensräume gerade dieses Naturparkgebietes sind hervorragend untersucht und bieten eine erstaunliche Fülle seltener Pflanzen- und Tierarten, insbesondere auf den sonnig-warmen Südwesthängen des Rhein- und Lahntals. Drei Kernzonen für die stille Erholung verteilen sich auf der Westerwälder Seite über die ausgedehnten Waldgebiete der Montabaurer Höhe, des Stelzenbachforstes und des Spitzheckerrücks bei Welschneudorf.

Naturpark Bergisches Land

Obwohl ursprünglich nur auf das Verwaltungsgebiet des bedeutenden Herzogtums Berg festgelegt, bezeichnet der Begriff Bergisches Land als Naturraum das rheinnahe Mittelgebirge zwischen Sieg und Wupper. Der gleichnamige Naturpark, 1961 als neunter in Nordrhein-Westfalen und 29. in der Bundesrepublik gegründet, ist mit rund 2000 km^2 auch einer der flächengrößten. Er hält sich nicht ganz exakt an die naturräumliche Grenzziehung, sondern greift im Süden gerade mit einem knappen Zehntel seiner Fläche auf den nördlichen Westerwald über. In diesem Bereich schließt er das gesamte mittlere Siegtal zwischen Windecker und Pleiser Ländchen ein. Seine Südgrenze fällt mit dem Leuscheid zusammen, einem markanten Höhenrücken, der den Niederwesterwald in Ost-West-Richtung überragt.

Naturpark Rothaargebirge

Lahn und Sieg umschließen den Westerwald nahezu komplett und helfen damit unstrittig bei seiner geographischen Bemessung - ihre Quellen liegen östlich von Siegen nur knapp 4 km auseinander. In diesem waldreichen, um 600 m ü. NN hohen Gebiet greift noch ein kleiner Zipfel des 1350 km^2 großen, 1963 gegründeten Naturpark (fünfter in Nordrhein-Westfalen, 25. in der Bundesrepublik) auf den nordöstlichen (Siegerländer) Westerwald über. Die beiden Touren 33 und 34 führen durch das südlich angrenzende Vorland dieser Landschaft.

Besondere Museen

Der Westerwald ist geradezu übersät mit Heimatmuseen. Eine Aufzählung würde den Rahmen dieses Buches sprengen. Sie wäre zudem wenig sinnvoll, da diese Einrichtungen sich fast nur in ihrer Größe unterscheiden, kaum aber im Inhalt. Dafür nennen wir nachfolgend einige Museen, die abweichend vom üblichen Schema ein unverwechselbares Profil zeigen, sei es durch ideenreiche Präsentation oder originelle Themen. Sie lohnen einen Besuch. Die Auswahl ist subjektiv und stellt keine Wertung dar, stützt sich aber auf ein positives Besucherecho.

Bad Ems
Kur- und Stadtmuseum
Römerstr. 97, 56130 Bad Ems
Tel. 0 26 03 / 35 72

Bad Honnef/Rhöndorf
Bundeskanzler-Adenauer-Haus
Konrad-Adenauer-Str. 8c
Bad Honnef, Tel. 0 22 24 / 67 31)

Dillenburg
Orangerie und Kutschenmuseum
Am Hofgarten 15, 35683 Dillenburg
Tel. 0 27 71 / 60 75

Villa Grün
Wirtschaftsgeschichtliches Museum
Schloßberg 3, 35683 Dillenburg
Tel. 0 27 71 / 9 61 59

Gladenbach
Künstlerhaus Lenz, Blaumühlenweg 10, 35075 Gladenbach
Tel. 0 64 62 / 84 84

Greifenstein
Deutsches Glockenmuseum, Burg, 35753 Greifenstein
Tel. 0 64 49 / 64 60

Hadamar
Gedenkstätte Mönchberg, Psychiatrisches Krankenhaus,
65589 Hadamar
Tel. 0 64 33 / 19 17-172)

Hasselbach/Werkhausen
»Im Thal« – Haus für August Sander
57635 Hasselbach, Tel. 0 26 86 / 604

Höhr-Grenzhausen
Keramikmuseum, Lindenstraße,
56203 Höhr-Grenzhausen
Tel. 0 26 24 / 36 66

Koblenz
Staatliche Sammlung technischer Kulturdenkmäler und Rhein-Museum, Festung Ehrenbreitstein, 56077 Koblenz, Tel. 02 61 / 7 19 87

Königswinter
Siebengebirgsmuseum, Kellerstr. 16, 53639 Königswinter, Tel. 0 22 23 / 3 70 39

Neuwied
Kreismuseum, Raiffeisenplatz 1, 56564 Neuwied, Tel. 0 26 31 / 7 20 43; Möbel aus der Werkstatt von A. und D. Roentgen (18. Jh.)

Museum für Archäologie des Eiszeitalters, Monrepos, 56567 Neuwied, (Stadtteil Niederbieber), (Tel. 0 26 31 / 7 20 43 und 7 63 57)

St. Augustin
Haus Völker und Kulturen
Arnold-Janssen-Str. 26, St. Augustin,
Tel. 0 22 41 / 23 74 06

Selters
Museum in der Schule, Oberwaldschule, 65618 Selters
Tel. 0 26 26/ 160 71
Hier kann man aktiv die Funktion alter Werkzeuge und Maschinen kennenlernen.

Adressen für Wanderer

Die Markierung der Wanderwege besorgen auf Ortsebene meist Vereine, die sich für Fremdenverkehr und Tourismus engagieren. In der Regel arbeiten sie eng mit der jeweiligen Stadt- und Gemeindeverwaltung zusammen, wo nähere Auskünfte erbeten werden können. Überörtliche Wege werden nach alter Tradition von speziellen Wandervereinen markiert. Sie sind zusammengeschlossen im:

Verband Deutscher Gebirgs- und Wandervereine e.V.
Wilhelmshöher Allee 157–159
34121 Kassel,
Tel. 05 61 / 93 87 3-0
Fax 05 61 / 9 38 73-10
e-mail: dt.wanderverband@t-online.de;
Internet: http://home.t-online.de/home/dt.wanderverband

Folgende Mitglieder dieses Dachverbandes sind im Westerwald tätig:

Eifelverein e.V.
Postfach 10 05 32, 52305 Düren
Tel. 0 24 21 / 13 12 1
Fax 0 24 21 / 11 37 64

Europäische Wandervereinigung e.V.
Adresse wie Verband Dt. Gebirgs- u. Wandervereine

Kölner Eifelverein e.V.
Nesselrodestr. 34, 50735 Köln
Tel. 02 21 / 1 71 37 18

Oberhessischer Gebirgsverein e.V.
Im Paradies 4, 35085 Rauischholzhausen
Tel. 0 62 44 / 92 39 32
Fax 0 64 24 / 92 39 31

Sauerländischer Gebirgsverein e.V
Hasenwinkel 4, 59821 Amsberg
Tel. 0 29 31 / 52 48-13
Fax 0 29 31 /1 52 48-15

Westerwald-Verein e.V.
Peter-Altmeier-Platz 1,
56410 Montabaur
Tel. 0 26 02 / 12 42 2
Fax 0 26 02 /12 45 42

Deutsche Wanderjugend
Tannenweg 22, 71364 Winnenden
Tel. 0 71 95 / 9 24 50
Fax 0 71 95 / 9 24 58
E-Mail: info@wanderjugend.de;
http://www.wanderjugend.de

Näheres zu Geschichte, Kunst und Kultur des Westerwaldes kann man erfahren bei:

Geschichts- und Kulturwerkstatt Westerwald (= Verein für Nassauische Altertumskunde und Geschichtsforschung e.V. im Westerwaldkreis)
Dr. Uli Jungbluth
Heimatstr. 21, 56242 Selters
Tel. 0 26 26 / 14 16 60

Heimatverein des Kreises Altenkirchen e.V.
Kreisverwaltung, 57610 Altenkirchen

Verein für Geschichte und Kunst des Mittelrheins e.V.
Karmeliterstr. 1–3, 56068 Koblenz

Register

DUMONT aktiv

Die neuen Wanderführer für Aktive zu den schönsten Wanderzielen Europas.

»DUMONT macht mobil! DUMONT *aktiv* heißt die neue Reiseführerreihe für Wanderfreunde. Ob Schwarzwald, Dolomiten, Irland oder die Pyrenäen, die Reiseführer im handlichen Format geben nützliche Informationen über Wandersaison, Ausrüstung sowie interessante Naturerscheinungen entlang der vorgeschlagenen Routen. Farbige Höhenprofile zu jeder Wanderung lassen sofort erkennen, wie anspruchsvoll der Weg ist und wieviel Zeit man dafür einplanen muss.«

Augsburger Allgemeine

»Sie passen in jede Rucksackseiten- oder Anoraktasche. Die kompakte Form geht jedoch nicht zu Lasten der Beschreibungen. Jede Route wird mit allem geschildert, was wichtig ist: der Wanderzeit, der Weglänge, dem Routen-Charakter bis hin zu Sehenswürdigkeiten und Einkehrmöglichkeiten am Wege. « *Welt am Sonntag*

Weitere Informationen über die Titel der Reihe DUMONT aktiv erhalten Sie bei Ihrem Buchhändler oder beim DUMONT Buchverlag • Postfach 10 10 45 • 50450 Köln
Besuchen Sie uns im Internet: http://www.dumontverlag.de

DUMONT EXTRA

Die Reiseführer mit topaktuellen Tipps, fünf ungewöhnlichen Extra-Touren und einer handlichen Karte zum Herausnehmen für nur DM 12,90 / öS 94,– / sFr. 12,90

Jeder Band wird jährlich auf den neuesten Stand gebracht. Auf dem Cover steht deutlich das aktuelle Erscheinungsjahr.

»Große Klasse zum kleinen Preis: schnelle Infos, tolle Fotos, fünf Touren, moderne Grafik und Extrakarte. Ein kompletter Reiseführer für junge Leute und Junggebliebene. Mit Insidertipps, die jede Reise zu einem wahren Vergnügen machen.« *buch aktuell*

»Es handelt sich hier um kompakte Reiseführer mit verlässlichen, topaktuellen Tipps und wirklich lohnenden, originellen Tourenvorschlägen. Außerordentlich ist die jährliche Neuauflage! Ingesamt bietet ›DUMONT Extra‹ Tipps, Tipps und nochmals Tipps; und diese dann auch garantiert Jahr für Jahr neu.« *Nordbayerischer Kurier*

Weitere Informationen über die Titel der Reihe DUMONT-Extra erhalten Sie bei Ihrem Buchhändler oder beim DUMONT Buchverlag • Postfach 10 10 45 • 50450 Köln
Besuchen Sie uns im Internet: http://www.dumontverlag.de

Abbildungsnachweis

U. Hüttner, Köln Titelbild, S. 6
B. P. Kremer, Wachtberg S. 8,13, 23, 28/29, 33, 39, 49, 54, 92
H.-J. Maschek-Schneider, Köln S. 2, 18
H. J. Roth, Köln S. 1, 9, 10, 11, 12, 15, 41, 47, 60, 66, 68, 72, 79, 82, 87, 97, 100, 106, 112, 120, 123, 128, 132, 135, 138, 143
Die Aufnahme des Gemäldes auf Seite 14 stammt aus dem Archiv des Autors H. J. Roth.

Karten und Höhenprofile: Berndtson & Berndtson Productions GmbH, Fürstenfeldbruck, © DuMont Buchverlag, Köln

Impressum

Titelbild: Blick auf Fernthal

Über die Autoren: Hermann Josef Roth, geboren in Montabaur, ist Studiendirektor und Fachmoderator in Köln. Er gilt als einer der besten Kenner des Westerwaldes, zu dem er eine Fülle wissenschaftlicher und populärer Veröffentlichungen verfasst sowie Film- und Funkbeiträge geliefert hat. Er gehört dem Präsidium des Verbandes deutscher Gebirgs- und Wandervereine an und ist Vorsitzender der Landesgemeinschaft Naturschutz und Umwelt Nordrhein-Westfalen (LNU). Das vorliegende Werk entstand in Zusammenarbeit mit der Geschichts- und Kulturwerkstatt Westerwald.
Bruno P. Kremer, Jahrgang 1946, Studium der Biologie, Chemie und Geologie, zahlreiche Veröffentlichungen zur Landschaftskunde des Rheinlands, Autor von Natursachbüchern und Sendereihen, seit vielen Jahren aktiv im ehrenamtlichen Naturschutz, hauptberuflich tätig in der Lehrerausbildung am Institut für Biologie und ihre Didaktik der Universität zu Köln.

Die deutsche Bibliothek – CIP-Einheitsaufnahme

Roth, Hermann Josef
Wandern im Westerwald und Siebengebirge/Hermann Josef Roth;
Bruno P. Kremer. – Köln : DuMont 2000
(DuMont aktiv)
ISBN 3-7701-3880-5

Graphisches Konzept: Groschwitz, Hamburg
© 2000 DuMont Buchverlag, Köln
Alle Rechte vorbehalten
Druck: Rasch, Bramsche
Buchbinderische Verarbeitung: Bramscher Buchbinder Betriebe

ISBN 3-7701-3880-5